移民管理信息化建设

杜松 著

天津大学出版社
TIANJIN UNIVERSITY PRESS

图书在版编目(CIP)数据

移民管理信息化建设 / 杜松著. -- 天津 : 天津大学出版社, 2021.8
ISBN 978-7-5618-7021-1

Ⅰ. ①移… Ⅱ. ①杜… Ⅲ. ①移民安置－管理－信息化建设－研究－中国 Ⅳ. ①D632.4

中国版本图书馆CIP数据核字(2021)第168436号

出版发行 天津大学出版社
地　　址 天津市卫津路92号天津大学内(邮编:300072)
电　　话 发行部:022-27403647
网　　址 www.tjupress.com.cn
印　　刷 北京虎彩文化传播有限公司
经　　销 全国各地新华书店
开　　本 169mm×239mm
印　　张 9.5
字　　数 200千
版　　次 2021年8月第1版
印　　次 2021年8月第1次
定　　价 48.00元

前　言

随着经济社会的发展，我国的移民及出入境管理工作面临着许多新情况，传统的工作模式已经不能满足当下现实需求，移民管理部门必须与时俱进变革创新。加强信息化建设，是移民管理部门适应信息社会发展、构建现代警务机制的必然选择，是推动移民及出入境管理工作可持续发展的战略性举措。

移民管理工作以专业化、法治化、信息化建设为“三大支柱”，移民管理信息化建设是移民管理工作开展取得成功的基础保障。目前为止，以出入境边防检查为代表的移民管理工作在信息化建设方面已经取得巨大成就，同时以大数据、云计算、人工智能等技术为代表的新信息技术的出现，为移民管理信息化建设工作提供了新思路。本书初步探讨了未来移民管理信息化建设工作可能的发力点，抛砖引玉，希望能够为广大移民管理决策者及技术人员提供一点启发，为下一阶段移民管理信息化建设工作提供参考。

作　者

2019 年 12 月

目　　录

第一章　绪论

进入21世纪以来，随着科学技术的飞速发展，信息化建设进入蓬勃发展的时期，世界各国都充分认识到，科学技术作为第一生产力，其进步程度很大程度上衡量着一个国家的现代化程度、综合国力以及国际竞争力。哪个国家能够在信息化发展的浪潮中占据先机，哪个国家便能为推动整个国家经济与社会发展构建出强大的后盾。

党和国家的几代领导人都认识到提高信息化、科技化水平在经济社会发展中的巨大作用，并结合不同历史时期的背景，做出了适应中国社会发展的战略部署。邓小平同志提出“科学技术是第一生产力”的重要论断，指出科学技术一旦渗透和作用于生产过程，便成为现实的、直接的生产力。江泽民同志指出“科学技术是第一生产力，而且是先进生产力的集中体现和主要标志”，进一步科学地解释了科学技术在生产力形成和发展过程中的重要地位和作用。胡锦涛同志提出：“把科学技术摆在优先发展的战略地位。”科学技术比历史上任何时期都更加深刻地影响着经济发展、社会进步和人民幸福。习近平同志强调：“深化科技体制改革，增强科技创新活力，集中力量推进科技创新，真正把创新驱动发展战略落到实处。”科学技术是世界性的、时代性的，发展科学技术必须具有全球视野，把握时代脉搏。

党中央、国务院的方针政策对新时期移民管理工作信息化发展具有巨大的推动作用。近年来依托公安信息化发展，在公安部党委“科教强警”的战略部署下，按照“统一领导、统一规划、统一标准、分期实施”的原则，公安部开展了分为两期建设的“金盾工程”，并不断加强三级网建设，逐步实现多媒体通信，完善各项公安业务应用系统，实现全面的公安工作信息化。在此背景下，移民管理机关结合自身职业特点，依靠科技进步，向科学技术要警力和战斗力，通过科学技术在各项工作业务中的广泛应用和移民管理工作人员素质的提高，以应用软件开发为代表的我国移民管理信息化建设工作取得了巨大成就，有力促进了经济社会的繁荣与发展。

第一节　我国移民管理信息化建设的内涵

一、移民管理信息化建设的特点

新的历史时期，对移民管理工作提出了更加严格的要求，无论是对出入境人员、物品的检查，还是对国边境的管控，都需要高效、准确、严格的审查监测。采取合理合法的处置手段，可以防止违法人员危害我国口岸秩序以及国家安全。其中，信息化建设为移民管理工作效率的提高和工作方法的改善，提供了强大的技术支持。利用信息化整合移民管理各部门业务，对移民管理工作的流程进行正规化统一，可帮助边检站工作迈上一个更高的台阶。这不仅可以节省大量的警力资源，还可以对资源进行更加科学高效的配置。

一是实用性。边防检查工作的特殊性，使得边检站覆盖整个国家的空港、陆港、海港，在横向上覆盖整个疆域，在纵向上涉及各种交通运输方式。信息化应用软件的开发，对出入境旅客的验放以及行李物品的检查有很大帮助，有效提高边检工作效率，同时在防止违法人员进出国边境、维护国家的安全与稳定方面有重要意义。二是保密性。由于出入境人员的信息数据具有涉密敏感性，一旦发生失泄密事故，将会对国内安全稳定造成威胁。因此，边检站信息化应用软件建设应加强数据的安全保障机制，防止国家机密的外泄。三是基础性。对外开放制度极大地促进了国内经济社会的发展，创造了大量的经济发展机会，进出我国边境的人员不断增多。边检站掌握着第一手的出入国边境的人员的详细信息，对这一数据流进行统计，运用构建模型的方法进行分析，可以获得各地区出入境人员的大致情况，从而为关系国家安全和经济建设发展战略政策的制定提供强大的信息支撑。

二、移民管理信息化建设的历史传承性

中华人民共和国成立后，国家面临着巩固新生的人民政权、维护社会治安秩序、防范敌特破坏、保障人民安全的迫切需要。在这种形式下，中华人民共和国公安部于 1949 年 10 月 19 日成立，标志着新中国公安工作建设的正式开始。此后，为实现公安工作的目标、达到公安工作的要求，以科技装备、技术体系建设为主的公安科技建设逐渐兴起并迅速发展。

中华人民共和国公安科技的初始发展阶段正处于中国共产党领导和团结全国各族人民进行社会主义改造、全面建设社会主义的历史阶段。在人民当家作主的社会主义政权下，公安机关担负起巩固政权、维护社会稳定、保障人民群众安全的历史重任，这也是公安工作的出发点与落脚点。相应地，公安部门为了完成自己的历史重任，在强化公安工作的迫切形势下，逐渐将发展公安科技提上日程。事实上，中华人民共和国成立之初的公安科技工作与许多工作相似，目的都是建立适合社会主义建设发展的工作体制，但在打破旧社会、旧制度的“笼子”时，一方面公安部门有选择地接收、继承了旧政府的技术与装备并有效强化自身力量，同时党在历次的国内革命战争与土地革命时期的公安保卫工作中积累的丰富经验为顺利继承、利用旧有技术与装备提供了可靠支撑；另一方面，中华人民共和国建设初期全面学习借鉴苏联模式，因此公安科技的发展也深深地打上了苏联模式的烙印。

由此可见，中华人民共和国成立之初，公安科技建设与发展的基础，主要由以下三部分组成：一是接收和改造旧政权警察机构的技术与设备，为公安科技最初发展提供了一定物质基础；二是新民主主义革命时期中国共产党建立的红色根据地中的公安保卫机关培养了大批骨干力量，积累了丰富的技术手段；三是学习借鉴前苏联的刑事科学技术体系形成了自身体制雏形。在这一基础

上，通过进一步探索和实践，我国逐步建立起自主的公安科技体系。经过不懈努力，到20世纪80年代末90年代初，已初步建立起较为完善的公安科技体系：刑事科学技术体系、安全防范技术体系、道路交通管理技术体系、消防技术体系、通信技术体系、计算机信息网络安全技术体系、特种警用装备技术体系、技术侦察技术体系。尤其是1998年，公安部为实现“科技强警”，适应现代社会信息化条件下打击违法犯罪、提高公安工作效率的需要，开展了两期“金盾工程”建设。以此为契机，公安机关的信息化建设实现了跨越式发展，移民管理部门也取得了以“出入境管理信息系统”和“边检前台查验信息系统”为代表的众多信息化建设成果。

有国必有边，有边必有防。公安出入境管理部门和全国边防检查机关伴随着中华人民共和国的诞生而建立。1949年10月成立公安部，1949年11月组建公安部边防保卫局，1955年建立公安部侦察技术局，即科技与信息化局的前身。可以说，中国移民管理工作的信息化建设与公安系统的信息化建设是密不可分、融为一体的。

其实，早在1958年我们的边防检查工作人员就已经开始利用信息化工具开展执勤工作。1958年9月25日当日的边检执勤工作人员利用检查员陈虎英研制的“照妖镜”发现了敌特分子布置在入境火车车身底部的炸药包，成功避免了一起重大事件的发生。“照妖镜”的原理就是在铁丝上安装一块镜子，然后将镜子伸入车底，将车底情况映射在镜子中，检查员通过镜子就能够掌握车底是否有问题。以现在的标准来看“照妖镜”可以说非常简陋，但是在中华人民共和国初期已经算是一个非常不错的发明创造了，更重要的是“照妖镜”工具体现出我们边防检查工作人员的工作智慧与信息化理念。其实“照妖镜”就是现在边防检查站所使用的车底反偷渡系统的最初雏形，如图1-1所示，车底反偷渡系统通过摄像头将车辆底部影像显示在计算机屏幕上，以供检查人员检查。

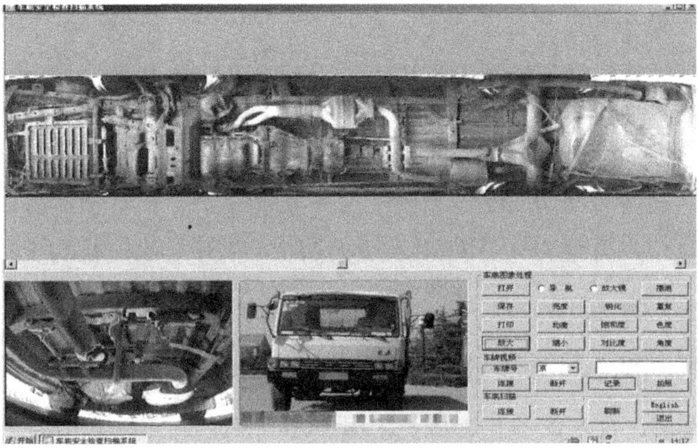

图 1-1　车底反偷渡系统

三、移民管理信息化建设的时代性

移民管理信息化建设是移民机关适应信息社会发展、构建现代警务机制的必然选择，是推动边防检查工作以及在华外国人管理工作可持续发展的战略性举措。移民及出入境人员管理工作以专业化、法治化、信息化建设为“三大支柱”，而开展适应时代要求的移民管理信息化建设是移民管理工作取得更大成功的基础保障。

全国性的移民管理信息化建设是客观形势发展的必然结果。

1. 管理服务对象数量持续攀升，警力不足

随着我国国际影响力的加大与国民生活水平的提高，各边检口岸迎来“大进大出”通关新常态。据国家移民管理局的数据，2018 年全国边检机关检查出入境人员达 6.5 亿人次，同比增长 9.9%；检查出入境交通运输工具 3 504.5 万辆（架、列、艘）次，同比增长 13.1%。2018 年，中国公民出入境 5.6 亿人次，占出入境人员总量的 86.1%，同比增长 12%，连续 15 年保持增长态势。外国人入出境首次突破 9 千万人次，达 9 532.8 万人次（外国公民 6 099.7 万人次，外国边民 3 433.1 万人次），同比增长 11.6%。通过 72 小时、144 小时过境免签政策入境的外国人达 10.1 万人次，同比增长 23.9%。

大型口岸出入境流量持续攀升。2018 年，出入境人次超过千万的口岸达 10 个。珠海拱北边检站全年检查出入境人员近 1.4 亿人次，单日最高达 46 万人次；深圳罗湖边检站检查出入境人员 8 503.6 万人次，单日最高达 33 万人次。西九龙边检站自口岸开通以来检查出入境人员 544.2 万人次，日均 5.4 万人次；港珠澳大桥边检站自口岸开通以来检查出入境人员 330.7 万人次，日均 5.2 万人次，检查出入境机动车辆 7.2 万辆次。

与此同时，2013 年 3 月 17 日，十二届全国人大一次会议后，李克强总理提出在其任职期间，实现财政供养人员只减不增。旅客人数的激增与工作人员数量减少之间的矛盾，促使移民管理机关加快转变工作思路，提高信息化运用水平，开展适应新时代需求的移民管理信息化建设。

2. 恐怖主义形势严峻

中国面临的恐怖主义威胁日益严重，所谓的“三股势力”人员活动越发频繁，在国际社会持续军事打击下，存在返流回境的可能。在移民及出入境管理工作中，防止恐怖分子入境的工作形势严峻复杂，移民管理部门应该加快转变工作思路，提高信息化运用水平，开展适应新时代需求的移民管理信息化建设。

3. 移民管理业务工作发展所需

如今国内、国际形势日益复杂，面对如此多的旅客，核实他们的身份信息，确认他们的来华目的和来华活动轨迹，分析他们的潜在危险性，需要花费大量的时间。时代在发展，移民及出入境管理的工作模式不能原地踏步。依靠工作人员根据自身经验做出判断，决定一名出入境人员是否为合法对象的工作模式已经不能满足当前工作要求。一方面，个人主观经验有很大的局限性，不能准确识别非法人员，存在巨大的偶然性；另一方面工作时效性不能保证，尤其是出入境边防检查工作，检查人员若是在口岸现场认真负责地核查每一名旅客，必会造成大量合法旅客滞留在口岸现场较长时间，这与我国进一步改革开放、加深与世界融合的大势不符。

以大数据应用为代表的信息化建设是破解当前移民及出入境管理工作瓶颈

的不二选择。在出入境边防检查工作中运用大数据手段将出入境人员的检查前置延伸，在每一位旅客出入边境前对其进行背景信息审查和个人风险评估，使移民管理机关在验放之前就已经掌握了“问题旅客”的信息，做到心中有数，对于查验旅客，就可以做到处置得当、处变不惊；在华外国人管控工作点多面广，在外国人管控工作中应用大数据技术，可以实现对外国人活动情况的实时预判，进而实现科学决策、积极应对，全面掌握其行动轨迹。

四、移民管理信息化建设的内容

信息化是指培养、发展以计算机占主导地位的智能化工具为代表的新生产力，并使之造福于社会的历史过程。与智能化工具相适应的生产力，称为信息化生产力。信息化是以现代通信、网络、数据库技术为基础，将所研究对象各要素汇总至数据库，供特定人群生活、工作、学习、辅助决策等和人类息息相关的各种行为使用的一种技术。使用该技术，可以极大提高各种行为的效率，并且降低成本，为推动人类社会进步提供极大的技术支持。移民管理信息化代表了在移民管理工作中信息技术被高度应用，信息资源被高度共享，从而使得工作人员的智能潜力以及移民管理部门的物质资源潜力被充分发挥，个人行为、移民管理机关部门决策和社会运行趋于合理化的理想状态。移民管理信息化是在信息技术（Information Technology，IT）产业发展与 IT 在移民管理部门应用的基础之上，不断运用最新技术改造传统的工作模式，甚至组织架构，从而能够达到更优的工作状态的动态发展过程。

应结合移民管理工作的特点，进行有针对性的信息化建设，具体分为以下三个方面。

一是业务建设。指为切实提高移民管理机关的工作效率和工作质量，对日常性、经常性的工作进行梳理分析汇总，从而在此基础上，运用信息化技术，研发出更为科学合理并适应边检工作发展趋势、工作方法、工作流程和工作标准的信息化建设成果。业务建设也是移民管理信息化的主体和实体内容，就是人们常说的软件开发与硬件建设。

二是制度建设。从社会科学的角度来理解，制度泛指以规则或运作模式规范个体行动的一种社会结构，良好的信息化管理制度是保障移民管理信息化建设成果最终能够发挥预想效能的前提要求。如果没有良好的信息化管理制度，首先，信息化建设无法顺利进行，很可能无法达到信息化项目的功能目标；其次，信息化项目建设成功后，要想发挥最大效益，也需要适合的规章制度约束不同部门、不同工作人员的工作方式、方法，保证所有环节不出现纰漏，从而保证信息化成果的应用。目前移民管理机构尚未有专门性的、具有全局指导意义的移民管理信息化应用制度，内部现有执行的多是针对某一具体问题而制定的专门规定，比如涉及旅客预先检录的人员信息预报预检实施办法，涉及升级信息系统的实施生物识别签证政策配套系统升级工作的通知等。这些规章或通知均涉及移民及出入境信息管理的某一方面，欠缺宏观性的指导。

三是人才建设。百年大计教育为本，教育最终是为了培养各行各业的人才，人才是国家、部门竞争的核心要素，是做好事情的根本基础。中国要适应全球信息化的发展趋势，移民管理部门当然也要适应当前国家社会发展的最新形势，提升工作效能，深入开展信息化建设，这也对信息化人才提出了新的要求。从战略高度培养和造就一大批具有应变能力、高水平、高素质的信息化人才就成为移民管理部门在全球化背景下实现国家和自身发展的战略需要，是移民管理信息化建设取得成功的必然途径。

第二节　域外移民机构典型信息化应用

他山之石可以攻玉，世界一些发达国家的移民机构信息化应用，以及这些国家在移民管理领域的一些信息化方面的制度设置，对我们国家的移民管理部门是有积极的借鉴意义的。

一、美国移民管理中的信息化应用

美国国土安全部建立了庞大的出入境管理信息网络，主要有五大功能。一是实现各部门各口岸之间信息共享；二是移民官员可以随时调阅 1983 年以来所有入境人员的信息资料；三是与各驻外使馆联网，实时掌握和了解各使领馆的签证情况；四是能够迅速将查验到的可疑证件传输至证件检验所进行真伪鉴别；五是有效利用案件追踪系统、查证咨询系统，实现办案一体化。庞大的信息网络加强了各职能部门之间的协作配合，提高了工作效率。

E-verify 是美国移民管理部门专门为美国公司设立的一个雇员信息检索系统，在系统中注册的公司可以通过网上查询确认工作申请人是否被允许在美国工作。而依据美国联邦法律，企业可以自由选择是否使用 E-verify 系统，对非法移民严格控制的路易斯安那、田纳西、南卡罗来纳等 17 个州要求企业必须使用 E-verify 系统。

“9·11”事件之后，美国全球性防御战略发生变化，从以海外防务为主的战略方针转移到以本土安全为主的安全新概念。美国国会和布什政府开始实施一系列大型的研究开发项目，努力提升国家的反恐情报与作战能力。在这些项目中，信息收集是关键，数据分析和技术挖掘是核心。其中六个代表性项目为：恐怖主义信息感知项目，计算机辅助下的预审旅客系统 II，反恐联合信息化系统，“星风”秘密监视项目，全能危险分子、反恐信息交流项目，无界信息项目。

二、澳大利亚移民管理中的信息化应用

澳大利亚移民与发展部在澳大利亚驻外使领馆派驻工作人员，在旅客申请签证时，第一时间进行人员甄别，掌握各使馆签证签发信息。移民机关掌握外国人签证信息后，通过系统将信息及时上传导入移民官员使用的系统信息库，在外国人入境检查时，移民机关将入境检查工作移交给海关人员实施，海关人员只需进行简单的人证对照和护照基本真伪识别，护照内信息和签证信息都通过信息库自

动比对，主动发挥大数据的决策功能，省去了对证件信息进行核对、对签证进行鉴别的工作，大大方便了旅客入出境，也减轻了移民管理部门的工作压力。旅客入境后，入出境信息与旅客居留所涉及的银行卡申领、上网卡申领及住宿登记等信息相挂钩，以实现对旅客在国内滞留情况的实时监控。

三、新西兰移民管理中的信息化应用

新西兰和澳大利亚所采用的旅客实时信息处理（APP）系统值得我们借鉴。

新西兰移民局，通过 APP 系统将海外签证签发系统、入出境审查系统、航空公司票务系统和入出境检查系统串联起来，将出入境管理工作范围由单一的入出境行为，扩大到签证签发、移民管理、边境管理等以入出境行为为中心的出入境范畴，实现在统一的平台内完成信息的采集、分析和运用。在海外签发签证时，由签发机构人员将申请人数据传入 APP 系统，构建在新西兰国内的入出境审查系统，在签发签证前，对签证申请人进行入境风险排查和人员性质审查，以此把好签证签发安全关；在旅客登机前，各航空公司只需登入 APP 系统，确认该旅客是否具有入境权限，并将旅客信息通过 APP 系统传回新西兰，以此在发放登机牌时，就把好入境关；在旅客入境时，移民官员只需通过录入入境人员资料，即可调取该人员的签证签发信息，通过系统自动核对入境人员信息与签证签发信息，确认旅客是否可以入境，从而把好人员入境安全关。自 APP 系统运用以来，新西兰境内使用伪假签证入出境案件得到了有效遏制。

四、德国移民管理中的信息化应用

德国移民管理部门大力推进检查迁移战略，依靠信息收集与分析，预防非法出入境活动。德国移民管理部门非常重视信息收集、分析和运用工作，使用航空公司的旅客信息和驻外使馆颁发的签证信息进行预检。同时，德国积极派驻德国驻各国使领馆移民联络官，令其和机场移民安全官一起收集情报，并与航空公司加强合作，在国外即开展非法出入境防范工作。德国移民管理部门还设有专门从事背景分析和风险评估的机构，如法兰克福机场分局的行动指挥部下设警方评估科、情报分析和数据统计科、防御事务科等，能够有效整合利用信息资源，在实际移民管理工作中发挥了重要作用。

德国移民管理工作的另一个特点是广泛推广应用生物特征识别技术，发放生物电子护照，在出入境边防检查工作中大规模使用自助通关系统。

五、日本移民管理中的信息化应用

2007 年 11 月 20 日，日本通过修订《出入境管理及难民认定法》建立了外国人管理信息共享制度，这项制度包括事前、事中和事后管理三个阶段。对于事前和事后管理，日本移民管理部门主要通过科技手段采集指纹、面像等生物特征，及时有效甄别恐怖分子、保证合法旅行者顺利入出境；对于事中管理环节，则主要依靠对记录外国人详细信息的“IC 在留卡”进行即时盘查，根据协议对涉外日本人的有效管理，来实现对外国人的“全方位跟踪”，保证随时掌握外国人在日期间的一切行踪。

六、韩国移民管理中的信息化应用

韩国充分应用信息化，建设大数据平台。韩国已经实现入境旅客系统、出境旅客系统、订票旅客系统、自助通关系统、本国人身份生物信息、外国人签证申请信息的全国集中建库。检查员在查验旅客时，可以综合运用这些信息系统。特别值得指出的是，由于韩国居民人口信息库与出入境管理信息库实现了共享，居民的身份信息与生物信息均被直接纳入出入境管理系统的数据库，因此，自 2017 年 1 月 3 日起，凡年满 17 周岁且持有居民身份证的韩国公民，在使用自助通道前均无须另行备案。

第二章 “金盾工程”下的移民管理信息化建设成就

公安信息化是指在公安工作中，通过普遍利用信息技术，有效开发利用公安系统内、外部资源，开展网上办公，实现犯罪监控、户籍管理、刑事侦查、出入境管理、交通管理、消防管理和禁毒等警务活动的网络化集成管理，让公安信息在警力使用中占据重要地位，以提高社会治安治理能力的过程。我国移民管理工作的信息化建设探索尝试始于20世纪80年代，伴随着“金盾工程”的实施与发展而做大做强。

第一节 “金盾工程”的来龙去脉

一、“金盾工程”建设的时代背景

公安信息系统建设启动于20世纪80年代初。时值改革开放初期，我国与南斯拉夫形成了友好互助的国家关系，因此中央决定公安现代化首先向南斯拉夫学习，公安计算机网络建设于1984年正式启动。1993年，公安部分期启动建设我国的“国家犯罪信息中心”（CCIC），其于1994年底正式运行，它在一定程度上借鉴参考了美国联邦调查局的国家犯罪信息中心（NCIC）的模式。经过多年努力，国家犯罪信息中心（CCIC）、公安计算机网络、有线通信和移动通信系统、各级指挥中心等信息基础建设都取得了重大进展，服务于公安机关刑事执法和行政执法的信息应用系统建设也取得了很大成绩。1998年，在国家实施“科教兴国”战略的背景下，公安部为实现“科技强警”，适应现代经济和社会条件下打击违法犯罪的需要，提高公安工作效率，提出并开展了“金盾工程”（实质是公安通信网络与计算机信息系统建设工程）的立项和前期基础设施建设。

我国从 20 世纪 90 年代推行电子政务，1999 年推行的“政务上网”标志着电子政务发展进入快车道。电子政务建设目标主要包括：形成标准统一、功能完善、安全可靠的政务信息网络平台，逐步实现同层次和上下级政府机构之间的信息交换和信息共享，支持政府公用功能性系统和事务性系统的开发和应用等。它带来了政务模式的一次革命。在现代计算机、网络通信技术支撑下，电子政务的开展一方面促进了政府管理的现代化与政府办公的网络化、电子化，提高了办事质量与效率；另一方面利于搭建政府知识库并向公众提供可能的信息服务，实现政务公开与接受群众监督的有机结合。党的十六大报告中“深化行政管理体制改革”这部分指出：“进一步转变政府职能，改进管理方式，推行电子政务，提高行政效率，降低行政成本，形成行为规范、运转协调、公正透明、廉洁高效的行政管理体制。”由此可见，推行电子政务已经被提到推进管理体制改革的高度。公安机关是政府部门的重要组成部分，具有保障国民经济发展、维护社会安全稳定的使命，公安机关的信息化建设在社会信息化发展过程中处于重要的战略地位。

公安工作发展方向的一个重要方面体现为公安信息化的发展，“金盾工程”便是公安机关在公安信息化背景下面向社会动态管控与打击犯罪需要，贯彻落实“科技强警”战略而实施的一项系统建设工程。“金盾工程”充分利用现代信息通信技术，增强了公安机关统一指挥、快速反应、协调作战、打击犯罪的能力，有效提高了公安工作效率与侦查办案水平。

二、“金盾工程”内容

“金盾工程”建设是公安系统信息化建设的一个里程碑事件，工程涵盖了系统软件和硬件基础设施两方面建设内容，它包括公安基础通信设施和网络平台建设、公安计算机应用系统建设、公安工作信息化标准和规范体系建设、公安网络和信息安全保障系统建设、公安工作信息化运行管理体系建设、全国公安信息网络安全监控中心建设等。中共中央专门文件中明确指出"'金盾工程'是公安机关实施科技强警战略的重要载体，是国民经济和社会信息化的重要组成部分，是国家信息化建设的重点项目。各级公安机关要坚持统一领导、统一规划、统一标准，以需求为导向，以应用为核心，加快推进'金盾工程'建设，实现公安工作的信息化，带动和促进公安工作的现代化、正规化"。对于公安行业的信息化建设而言，各地系统建设都必须符合公安部"金盾工程"总体建设任务要求与建设标准。

随着国家的不断发展，我国的社会发生了巨大变革，人民群众"权利意识"觉醒，对政府机关提供高效便捷服务的诉求愈发强烈，同时各类违法犯罪活动呈现出多发性、复杂性的新特点。在新形势下，公安机关需要具有统一指挥、快速反应、协调作战的能力，能够及时响应服务对象的合理诉求，能够动态管理和打击犯罪。 1998 年 9 月，公安部开始筹划在全国范围内开展 "金盾工程"建设。2002 年 10 月，国家发改委批准"金盾工程"可行性论证报告，"金盾工程"进入实际建设阶段。"金盾工程"确定了三统一原则，即"统一领导、统一规划、统一标准"，做到新建信息项目在全国范围内规范统一。"金盾工程"分为两期实施建设，一期工程（2001 年至 2003 年）重点建设好通信网络以及大部分应用数据库和共享平台，二期工程 （2004 年至 2005 年）完善各警种业务应用系统，实现公安工作信息化。

"金盾工程"一期将需建设的系统分为一类项目、二类项目、三类项目三种类型，涉及公安口多个部门单位的几十个建设项目。一类主要是围绕公安机关的主体业务以及全国的八大资源库的形成而设立的。二类和三类主要是为内部的管理工作和局部的业务设立的。对于二类和三类，公安部并没有统一提出必须要在一期中全部完成建设并投入使用的要求，而是要求各地公安机关根据自身经费保障和业务开展的需要，有选择地进行建设。在"金盾工程"二期相关工作的规划中，可能会对二类、三类进行整合之后提出一些新的要求。"金盾工程"二期需要建设的信息系统主要是三套平台：情报综合应用平台、警用地理平台、部门间信息共享平台。

第二节 移民管理信息化项目建设成就

随着“金盾工程”建设工作的顺利推进，我国的移民管理机关的信息化建设也迈上了一个新台阶，取得很多成果，其中最重要的代表性成果有两项——全国出入境管理信息系统和全国边检前台查验信息系统。

一、全国出入境管理信息系统和全国边检前台查验信息系统

（一）全国出入境管理信息系统

全国出入境管理信息系统（即中国公民出国境管理系统和境外人员管理系统）是“金盾工程”一期一类应用项目。

公安出入境管理是公安机关依法对其管辖区域内中国内地公民出国（边）境审批、发放证件和对中国内地公民以外人员入境旅游、探亲、商务和居留等相关事宜的签证（注）及其相关事（案）件进行管理的行政管理行为，属于一种中央事权。近年来，出入境管理部门大力发展信息化建设，有效促进了各方面工作信息化水平的提升，提高了内在工作效率和对外服务水平，有力保障了我国各项出入境政策的出台与实施。

全国出入境管理部门的信息化应用始于20世纪90年代初期。经过十几多年的不断探索尝试，到21世纪初，在“金盾工程”开始建设前，全国各级出入境管理部门的计算机信息管理系统从无到有、从单机版信息软件对单项业务的办理到网络版信息管理系统对主要出入境业务管理过程的完整支持、从信息孤立到信息整合共享，出入境管理信息化应用已经具备一定规模，应用范围已覆盖出入境管理的多数业务。

根据“金盾工程”建设的战略部署，在当时全国出入境管理部门信息化系统应用现状的基础上，为了进一步提升我国出入境管理部门的信息化应用水平，使

我国出入境管理工作业务开展更加规范化、对外服务更加便利化，公安部出入境管理局提出建设标准规范统一的全国性公安出入境管理信息系统：改造现用的中国公民出国境管理系统和境外人员管理系统，实现各类出入境管理业务的“大集中”管理，将数据集成，建立更为有效的相关职能系统之间的业务协作关系、信息交换和共享机制；改造部级系统以及省部级数据交换系统，完善全国出入境管理中心数据库，扩大信息服务门类，改进信息服务手段，强化对基础业务的信息支持功能，建立更为可靠的省部级数据交换机制，为跨地区业务的开展提供技术手段，为出入境管理基础业务提供直接的信息支持。

目前建成并使用的全国公安出入境管理信息系统主要包括中国公民管理和境外人员管理两个部分，在全国范围内版本一致。从出入境管理工作业务范围来看，管理系统目前已涵盖了出入境管理工作的主要业务职能；从数据共享角度来看，管理系统实现了各类出入境管理信息的全国共享网络化；从大数据应用角度来看，管理系统强化了业务预警职能，提高了数据分析能力，为决策部门提供了支撑，为出入境人员管理提供了技术支持。

（二）全国边检前台查验信息系统

全国边检前台查验信息系统是“金盾工程”一期一类应用项目。

全国边检前台查验信息系统是出入境边防检查机关在国家开放口岸等执勤现场对出入境人员及交通运输工具进行出入境边防检查、管理的专业信息系统，它具有出入境检查、勤务监控处理、业务信息统计等功能。全国边检前台查验信息系统的应用，强化了移民管理部门的内部管理、提高了口岸的管控水平、提升了边防检查工作效率，已逐渐成为支撑口岸开展边防检查工作的重要支柱。全国边检前台查验信息系统贯穿边检工作的始终，是保障国家安全、维护国家主权和利益的重要防线，对边防检查工作的顺利开展、边检服务水平的提高，具有十分重要的意义。

在“金盾工程”实施之前，我国移民管理机关就积极尝试在出入境边防检查工作中应用信息化解决方案，开发完成了许多信息化系统，例如广东边防早期用于后台核查回乡证的单机系统，浙江边防依托 Xenix 多用户平台开发的查验系统，以及后来广东边防依托 Novell 网络环境开发的中小口岸版的“边防检查信息系统”，每一次系统的升级换代，都给边检工作模式和手段带来了很大的变化。

目前移民管理机关使用的全国边检前台查验信息系统依托于“金盾工程”进行建设，于 2005 年 10 月完成研发工作，2006 年完成了全国全面推广应用，是第四代边检查验信息系统，主要由公安部、省级单位及检查站三级业务应用系统组成。检查站应用系统部分采集出入境数据后，向省级单位应用系统部分汇总，然后省级单位应用系统部分再向部级应用系统部分汇总业务数据，最终所有出入境数据汇总至公安部出入境管理中心数据库，公安部出入境管理中心数据库负责向其他警种提供出入境数据的查询、分析等服务。

全国边检前台查验信息系统在技术上，优化系统结构、增强系统的兼容性，通过技术手段提升业务标准，在全国移民管理机关出入境边防检查部门实现了“统一软件版本，统一应用模式，统一业务标准”的建设目标；在业务上，顺应集中式管理、网络化运行的发展趋势，在部级—省级单位—检查站三级分别建立业务应用系统，充分发挥整体合力，实现信息共享，强化现场问题处理及执勤管理等联网作业能力，实现了“提升通行能力，加大控制力度，强化内部管理”的工作目标。

二、其他信息化项目建设成果简介

中国经济在快速发展，科技应用也遍布在中国社会各个角落，信息化就像一列呼啸的列车迎面驶来，中国移民管理机关只能顺应时代发展的潮流，不断推进自身的信息化建设，以适应时代的要求。除了上面介绍的代表性成果——全国出入境管理信息系统和全国边检前台查验信息系统以外，中国移民管理机关革新工作思维，以“金盾工程”的实施为契机，推进建设了许多信息化项目。

（一）出入境旅客人工检查台

出入境旅客人工检查台是目前我国移民管理机关验放出入境旅客的重要设

施，配备了很多先进设备，如 3 m 全页式证件扫描仪、人像采集仪、证件防伪检测光电鼠、旅客评价器等，全国边检前台查验信息系统也部署在检查台中，支持生物特征识别技术。

（二）多功能智能验证台

多功能智能验证台是在出入境旅客人工检查台的基础上发展而来的，集多种实用性功能于一体，按照人体工程学标准在传统验证台基础上设计，可根据用户要求选配多种数字化功能，如：自 / 手动开关电动闸门、服务满意度评价、高清面像自动采集、盲区监视、上下班一键控制、全国边检前台查验信息系统指纹登录、监听对讲、紧急报警、证件伪假辅助鉴别、出入境卡片自助打印、卡片基于航班号自动分列计数、自助查验等。新一代的智能验证台更引入了高新智能人员检测技术，智能分析判断检查员或旅客是否在位，从而自动开关语音视频灯光等系统，另外还添加了登机牌扫描录入、验放信息统计显示，使得验证台更加高新化、智能化、人性化；专用面像识别算法，实现旅客照片的自动核对功能，辅助检查员准确完成对旅客的身份验证；多功能智能验证台与智能指纹验章柜联合使用，可实现对验讫章的全程跟踪监管。

（三）智能指纹验章柜

智能指纹验章柜是专门针对边检验讫章存放和监管的高新技术产品。它采用指纹信息识别等人体生物特征识别技术进行身份认证，设计双重门锁自动开关控制结构，提供大容量的验讫章存放空间，包含指纹、密码、机械锁等多种安全可靠的控制模式，附加 UPS 电源，具有完善的应急功能和智能的验讫章错位放置、移除超时等报警功能，用信息化技术手段代替传统的管理模式，实现验讫章的远程监管，成为验讫章的“守护神”。智能指纹验章柜与多功能智能验证台联合使用，可实现对验讫章的全程跟踪监管。

（四）车辆快捷通

边检“快捷通”车辆查验系统又称“车辆快捷通”，是一套计算机智能化综合应用系统，该系统集成了远程电子预报、指纹 / 面像双生物特征的识别及比对、自动控制机械定位等多种先进技术。通过该系统，边检单位可远距离自动读取出入境车辆牌号，识别司机身份，完成出入境边防检查工作任务，同时司机也实现了自助通关，保证了“通道无人值守、司机自助操作过关、检查员一人监管多条通道”的设计目标。车辆快捷通的特点如下。

①司机自助通关：设计全新的工作模式。改变了落后的通道守候和手工检查操作方式，建立了通道无人值守、检查员远距离监控的检查模式。

②双生物特征身份识别：整合成熟的指纹及面像比对技术，采用双生物特征综合评判算法。计算机根据综合评判结果自动完成司机与其所持证件同一性的认定，确保使用双生物特征比对技术不出现误判现象，提高了系统的实用性与安全性，实现了司机自助操作过关，取消了人工检查。

③自动车牌识别： 实现车辆信息预报。通过整合车辆远程 IC 卡及车牌视觉识别技术，使系统能够在车辆进入候检通道前自动读取车牌信息，从数据库中调阅车辆及司机资料。

④自动定位采集仪：研发了智能化自动控制机械定位装置。该装置根据数据库中车辆的高度资料，自动升降定位到适当高度，便于清晰完整地采集司机指纹及面像资料，使司机能够自助操作过关。“用于车辆通道检测系统的查验端口升降装置”已获得国家专利。

⑤多种成熟技术综合应用：集成远程电子预报技术、指纹 / 面像双生物特征识别与比对技术、交通管理技术、视频监控技术、智能化自动控制机械定位技术、计算机多媒体技术、IC 卡应用技术、语音提示与对讲技术等多种成熟技术，研发出与出入境边防检查业务流程紧密结合、便于车辆出入境、能够自动完成查验工作的软硬件一体化计算机控制系统。

⑥身份识别双保险：综合运用面像与指纹两项身份识别技术，发明了将面像识别与指纹识别技术相结合的身份识别方式，提高了系统的实用性与安全性，大大优于人工检查方式。

⑦系统自动检查：所有检查内容由计算机完成，大幅简化验放手续，减轻检

查员的劳动强度；将原来需要由检查员操作的数据采集、黑名单分析、证件合法性检查和出入境资格与手续检查等内容，通过提前备案，在每次进行出入境检查时由系统调出自动处理。

⑧车底图像监控：灵活运用视频监控技术设计的车底反偷渡系统，相当于在每条通道都布置了一人检查车底。

（五）车底反偷渡系统

车底反偷渡系统利用视频监控技术全方位监控出入境车辆，将出入境车辆各方位视频信息以及车辆资料信息在电脑中实时显现，防止不法人员利用车辆的可视死角偷渡人员或偷运违禁物品。

（六）出入境旅客自助查验系统

出入境旅客自助查验系统是一套基于旅客证件、指纹和面部生物特征识别等综合信息技术的旅客自助验放系统，是未来出入境旅客查验方式的发展方向。该系统结合计算机智能控制系统，能自动读取、对比、识别出入境旅客的资料，自动完成出入境旅客的验放。旅客过关时只需简单操作就可自助实现通关，大幅提高旅客的通关速度，目前已在全国推广使用，如图 2-1 所示。自助查验系统的基本功能如下。

①能检测到有多名旅客进入通道，并向验放工作站发出报警，可识别旅客携带的大件行李物品。

②闸门能防止非法人员从门底出入。

③防尾随、防翻越功能。

④在闸机内完成正常旅客的自助刷卡到查验结束、到自动放行的全过程。

⑤监控台检查员的计算机能通过闸机内的验放工作站和监控台上的监管工作站监视闸机内各部件的实时状态。

⑥监控台检查员通过闸机内的验放工作站对闸机内各部件的工作状态进行控制。

⑦闸机能提供巡视检查员打开闸门的功能。

⑧闸机能提供完善的指示功能帮助旅客完成通关。

⑨能对旅客在闸机内停留时间过长发出警报，可对停留时间的阈值进行调节。

⑩闸门在断电时可通过人工方式打开。

图 2-1 出入境旅客自助查验系统使用现场图

（七）国际航班载运人员信息预报系统

国际航班载运人员信息预报系统的作用是支持经营国际航班的航空公司将其搭载的旅客（机组人员）的电子信息通过网络传输到目的地国家的政府部门，以便边检站在旅客（机组人员）实际入出境前进行信息预录入，从而便利入出境人员通关。系统可以在旅客、机组人员实际入境前进行预查询、预警、预测客流量等工作；在完成旅客、机组人员的验放工作之后，对一定时间范围内的人员预报及验放信息进行统计、核对、分析。

（八）船舶监控管理系统

船舶监控管理系统由岸基（基站）设施和船载设备共同组成，是一种新型的集网络技术、现代通信技术、计算机技术、电子信息显示技术为一体的数字助航系统和设备。船舶监控管理系统由舰船飞机的敌我识别器发展而成，配合全球定位系统将船位、船速、航向改变率及航向等船舶动态信息，结合船名、呼号、吃水及危险货物等船舶静态资料，由高频频道向附近水域船舶及岸台广播，使邻近船舶及岸台能及时掌握附近海面所有船舶之动静态信息，得以立刻互相通话协调，采取必要避让行动，对船舶安全有很大帮助。移民管理部门利用船舶监控管理系统可以实时监控全国各海港的在线船舶及港口船舶停靠情况及其运行轨迹。

（九）海港边检勤务综合指挥系统

海港边检勤务综合指挥系统是以海港口岸新型高效边检勤务模式为支撑，由港口边检站升级、优化、整合现有各系统而成，集勤务指挥、登轮、登陆、视频监控、风险评估、情报信息研判和移民管理机关内部管理等功能于一体的综合勤务管理平台。平台建设遵循顶层架构设计、一线应用落地原则，全面推广后可形成海港“大边检、大平台”模式，实现出入境管理局、各省级单位和各边检站之间的数据共享和互通，打破信息壁垒。同时，平台通过数据接口与公安数据大平台进行数据交互和共享，为边检勤务管理、情报研判等工作提供有力支撑，实现平台价值最大化。

第三章　移民管理信息技术基础应用

中国社会不断发展，国家经济一直在增长，中外交流愈加紧密。由于移民管理工作的性质和内容，工作量将逐年增加，而移民管理部门的警力却存在不足的问题，这将在一定时期内持续存在。单纯依靠增加人员编制并不是解决问题的最佳选择，而且与国家精简财政供养人员的大方向相违背。因此，我们只能依靠科学技术来增强警力，适时引入合适的信息技术，推进信息技术在移民管理工作中的应用，使出入境人员和移民管理工作人员受益。目前，最基本且广泛应用的技术包括生物特征识别技术、智能监控技术和人工智能技术。

第一节　生物特征识别技术应用

一、生物特征识别技术

生物识别技术是一种有效的身份验证方法，它通过识别人员身体特征的差异来进行身份验证。其关键在于将成功获取的人体生物特征转化为数字信息，并储存于计算机中，利用精准的匹配算法进行身份验证和认证。人类运用生物特征识别的历史可以追溯到古代。例如，古埃及人曾通过测量人体各部位的尺寸来鉴别身份，而在古叙利亚的一些黏土陶器上甚至还可见陶艺匠人的指纹。在中国古代，指纹普遍被用作官方文书和契约上的印章。19 世纪末 20 世纪初，阿根廷和苏格兰先后将指纹应用于犯罪鉴定领域；20 世纪 40 年代，美国首先发明了指纹自动识别系统。最早商业化的高级生物测定设备产生于 20 世纪 70 年代，这种测量手部形状和手指长度的设备被用于区分不同的人员。到了 20 世纪 80 年代，随着技术的发展，适用的光学设备问世，使得方便、低成本的指纹采集成为现实，从而使指纹识别可以应用于社会的各个领域。

人体生物特征主要包括以下两个方面：生理特征和行为特征。人体的生理特征包括手的形状、指纹、面部形状、虹膜特征、视网膜特征、脉搏和耳朵的轮廓等；行为特征主要包括签字样式、声音、按键力度等。生物特征识别具有不易被遗忘、防伪性强、不易被伪造和盗窃、便携性强等优点。

（一）指纹识别技术

指纹识别技术是一种通过识别每个人指纹的纹路、断点和交叉点的独特性，提前采集和保存个人指纹信息，并在需要时将现场采集的指纹与预先采集的指纹进行比对的识别技术。随着现代科学技术的迅猛发展，指纹识别系统实现了广泛的现代化和自动化应用。由于其方便操作和高安全性的特点，许多非专业人员可以运用这种系统并顺利开展相关工作。我国已经开始了指纹管理的现代化工作，全面推动指纹识别技术的快速发展。指纹自动识别技术不仅提升了各个边防公安部门的管理水平，还推动了边防公安管理手段的现代化。然而，目前我国在边防检查中应用指纹识别技术仍存在许多不足之处，指纹识别技术主要应用于自助验放通关，当前与指纹识别技术相关的数据库储存技术也需要不断加强。指纹识别需要强大的数据库支持，并且数据库需要具备强大的储存功能。目前，我国的指纹识别技术仍在不断发展中，并且在各个行业中的应用也在不断推进，边防检查的旅客自助通关查验系统就广泛采用了生物识别技术，包括指纹识别技术。

（二）人脸识别技术

人脸识别是一种利用分析比较人脸视觉特征信息进行身份鉴别的新型计算机技术。人脸识别技术是随着科学技术发展而取得的一项重要的识别技术突破，目前人脸识别技术应用较为广泛，但在边防检测工作中应用较少，仅仅用于自助通关系统和人像识别仪。由于当前我国受到相关条件限制，人脸识别技术应用还存在许多问题，例如人脸识别准确性较低、识别功能有待进一步完善等。目前的人脸识别技术存在许多盲区，无法识别较多情况，也无法对不清晰的人脸进行辨认，对人脸的要求较高，给边防检测带来了许多麻烦。由于我国对人脸识别技术的应用相对较晚，导致该技术受到一些限制，相关技术迫切需要完善，以提高边防检测的效果和准确率。目前，人脸识别技术主要应用于边检工作中的自助通关查验系统和面像采集仪。然而，由于人脸识别技术的不完善，其作用不及指纹识别技术那样显著，更多起到的是参考作用。

（三）虹膜识别技术

虹膜识别技术是一种新兴的生物特征识别技术，其原理是基于人眼中的虹膜特征进行识别比对。虹膜在胎儿成型后就不会再发生改变，因此具有唯一性和稳定性的特点。虽然虹膜识别技术出现较晚，但它具有许多优点，它能有效识别个人身份特征。然而在实际生活和各个行业的应用中，该技术尚未取得良好效果。随着我国识别技术的不断发展，虹膜识别将在识别技术中占据重要地位。虹膜识别技术处于发展阶段，仍然存在许多不足之处，广泛应用于边防检查工作还需要一定的时间。虹膜识别技术需要注重虹膜信息的采集、储存、查询和处理等功能的实现。

（四）视网膜识别技术

视网膜识别技术主要是基于人类眼球后部血管分布的唯一性理论进行研发的。该技术具有较高的可靠性，然而由于应用中存在较大的难度，目前在边防检查工作中尚未使用该技术。视网膜识别技术的运用范围目前较为狭窄，缺乏一定的实践经验，导致其不够成熟。要发挥视网膜识别技术的作用，需要重要的理论和技术支持。目前，我国对视网膜技术的应用还较为初级，尚未发挥出较大作用。由于视网膜技术需要复杂的技术支持，成本较高，容易引发多个环节性问题，导致我国视网膜识别技术的发展相对滞后，视网膜技术在我国边防检查工作中尚未被应用。

（五）掌纹识别技术

掌纹识别技术是一种生物识别技术，基于人体手掌的纹路特征进行身份验证和识别。每个人的手掌纹路独一无二，包括纹线、纹型、纹间距和纹密度等信息，形成了一种独特的生物特征模式。掌纹识别技术通过采集和分析手掌表面的纹路图像，将其转化为数字化信息进行处理和存储。利用复杂的算法和模式识别技术，可以对手掌纹路进行匹配和比对，以实现对个体身份的验证和识别。与指纹识别技术相比，掌纹识别技术具有一些独特的特点。首先，手掌的纹路更为复杂和丰富，包含了更多的纹线和纹型信息，因此掌纹识别在某些情况下可以提供更高的辨识度和准确性。其次，手掌纹路相对较大，采集到的图像具有更高的分辨率和丰富性，有助于提高识别系统的可靠性。此外，掌纹识别技术相对于指纹识别技术而言，更不容易受到外部因素的影响，如指纹磨损、损伤或污染等。掌纹识别技术可以应用于个人身份验证、边境安全控制、企业门禁管理、金融交易等领域，以提供高效、安全和准确的身份验证解决方案。然而，掌纹识别技术也面临着一些挑战，如对采集设备的精确性要求高、图像处理复杂程度高，因此，掌纹识别技术的实际应用较少，尚未在我国的边防检查工作中得到应用。

（六）多模态识别技术

多模态识别技术是指利用多种不同的生物特征或感知模态来进行身份验证和识别的技术。传统的单模态识别技术主要基于单一的生物特征，如指纹、人脸或声音等进行身份验证，而多模态识别技术则结合了多种生物特征或感知模态，如指纹、人脸、声音、虹膜、掌纹等，以提供更全面、准确和可靠的身份认证方案。多模态识别技术的基本原理是综合多种生物特征或感知模态的信息，通过算法和模式识别方法进行特征提取、融合和匹配，从而实现对个体身份的验证和识别。通过结合多个生物特征，多模态识别技术可以克服单一模态所面临的限制和不足，提高识别系统的准确性、鲁棒性和安全性。多模态识别技术在实际应用中具有广泛的应用场景。它可以应用于安全领域，如边境安全控制、智能门禁系统和监控系统，以提供更可靠的身份验证。此外，多模态识别技术也可以应用于金融交易、企业安全管理、移动设备解锁和个人认证等方面。多模态识别技术的优点包括提供更高的准确性和鲁棒性，降低错误识别率，同时提升了对冒名顶替和欺骗攻击的抵抗能力。然而，多模态识别技术也面临一些挑战，如多模态数据的采集和融合、算法设计和实现的复杂性、隐私和数据安全的考虑等。因此，在实施多模态识别技术时，需要综合考虑技术可行性、系统性能和用户隐私等因素。

二、生物特征识别在移民管理工作中的应用

在中国改革开放和经济建设高速发展的形势下，我国公民出境和外国人员入境的人数双向快速增长，这给我国移民管理机关带来了巨大的工作压力。提高通关效率、增强出入境验放能力，并在编制不变的情况下适应急剧增长的出入境检查业务量，解决因警力不足导致的工作拖延，成为移民管理机关迫切需要解决的问题。而生物特征识别技术的逐渐成熟为我国移民管理机关提供了一个不错的解决方案。

生物特征识别技术是一种用于进行身份认证的新兴技术。它通过测量人员的生物特征，并将其与数据库中的模板数据进行比对，实现身份验证。人的生物特征具有唯一性，这一特性为移民管理机关的出入境边防检查工作提供了安全保障。许多国家已经在护照中添加个人生物特征信息，使得在边防检查时可以通过对生物特征的比对来第一时间确认人员和证件的一致性，不再需要人工耗费大量精力进行身份判断，极大地提高了移民管理机关的工作效率。

然而，由于各种限制，生物特征识别技术在生活和移民管理工作中的应用存在一定局限性。并非所有的生物特征识别技术都适用于移民管理工作。能够应用于边防检查工作的生物特征识别技术需要符合移民管理工作的特点。移民管理，尤其是边防检查，要求工作快速高效且准确，因此生物特征识别技术在移民管理工作中也需要具备便捷和准确的特点。指纹识别技术是在移民管理工作中最广泛应用的技术；其次是面部识别技术，通过面部识别可以在第一时间判断人脸特征是否一致；其他生物特征识别技术由于各种原因，在边防检查工作中的应用较为有限，有些甚至还未应用于边防检查工作。

目前移民管理工作主要应用了指纹识别技术和人脸识别技术。指纹识别技术是最成熟稳定的，已广泛应用于社会治安、工作考勤、金融认证等多个领域。在移民管理工作中，指纹技术已实际运用，例如出入境旅客自助查验系统通过验证

旅客的指纹信息来判断是否开启通道闸门；智能验章柜会验证检查员的指纹，以确保验章的安全，并防止检查员误用他人的验章；在电子护照签发时也会采集办证人员的指纹信息。人脸识别技术是一种利用分析比对人脸视觉特征信息进行身份鉴别的新型计算机技术。随着科技的发展，人脸识别技术的应用逐渐广泛，甚至在电视娱乐节目中也有所体现。在移民管理工作中，人脸识别技术也有许多应用，例如用于出入境旅客自助查验系统和人像识别仪等。

然而，指纹识别技术和人脸识别技术在移民管理工作中的效果还不完全令人满意，特别是人脸识别技术。指纹识别技术对外界环境要求较高，对出入境人员手指的湿度和清洁度非常敏感，手指或设备稍有不干净都会影响识别通过率；部分人的手指存在指纹不完整的情况，无论是识别还是后台注册都会面临较大困难；而且，有些出入境人员在后台系统注册后，指纹可能会受损或毁坏，特别是在极端情况下，如重体力劳动者的十个手指的指纹同时受损，会导致设备无法采集和识别指纹。相较于指纹识别，人脸识别的准确率更低，更难克服不利条件。人脸识别系统的难点如下。首先，人类脸部整体构造相似，不同个体之间的人脸结构相似，甚至包括口、鼻、眼睛、耳朵等器官的外形也非常相似，这对人脸定位是有利的，但对于区分人类个体则不利。在世界上，本来就存在着天然相似的不同个体，加上化妆的变化更增加了识别的难度。其次，人脸的稳定性也是一个挑战。人脸的外形非常不稳定，当人们表达喜怒哀乐时，脸部肌肉的变化会产生多种表情。此外，从不同的观察角度看，人脸的视觉图像也会有很大差异。人类的面部随着时间的推移可能发生较大的变化，例如自然衰老、突然变胖或变瘦等，这会给人眼判断带来一定困难。此外，人脸识别还受到外界影响，例如白天和夜晚、室内和室外等环境，以及口罩、墨镜、头发、胡须等多种遮盖物的影响。

尽管存在这些限制，指纹识别技术和人脸识别技术仍然是移民管理工作主要使用的技术。随着技术的进步和改进，这些技术的准确性和可靠性将不断提高，并为移民管理机构提供更高效、安全的工作解决方案。同时，研究人员和工程师也在探索其他生物特征识别技术的应用，以克服当前技术的局限性，提升移民管理工作的效率和准确性。

出入境边防检查对于旅客的验放工作要求同时具备速度和准确性。指纹识别的准确性并不成问题，主要的挑战在于有时无法一次准确地识别出入境人员的指纹，需要多次采集指纹，这影响了出入境人员的使用体验，也对移民管理工作提高服务质量产生了影响。人脸识别的主要问题是准确性，其在移民管理工作许多应用场景中只起到参考辅助作用，经常需要移民管理工作人员进行人工干预来放行出入境人员。从目前生物特征识别技术的发展水平来看，想要提高出入境人员的验放速度就必须牺牲识别的准确率，而要保证对出入境人员的识别准确章就必然需要降低通关速度。因此，在移民管理工作中，生物特征识别技术仍有很大的改进和提高空间。移民管理工作人员应密切关注生物特征识别技术的发展趋势，及时引进更新更好的生物特征识别技术。

第二节　智能监控技术应用

作为出入境管理的重要安全手段，视频监控在维护口岸秩序和保障安全方面具有极其重要的意义。智能网络视频监控（智能监控）技术作为视频监控领域的新技术，在节省人力资源和有效实施管理方面具有重要意义。

一、视频监控技术

按照国际普遍认同的划分方法，视频监控技术可以大致分为三个发展阶段：模拟视频监控阶段（20 世纪 70 年代开始），数字视频监控阶段（20 世纪 90 年代开始），以及近几年兴起的智能网络视频监控阶段。模拟视频监控阶段的核心设备是视频切换矩阵，数字视频监控阶段的核心设备是硬盘录像机（DVR），而智能网络视频监控阶段则没有核心硬件设备，系统变得开放而分散，包括网络摄像机（IPC）、视频编码器（DVS）、网络录像机（NVR）和中央管理平台（CMS）

等。在当前的实际应用中，存在各种类型的产品和系统架构，并且这种情况将在相当一段时间内继续存在。然而，从长远来看，智能网络视频监控系统代表了视频监控技术未来的发展方向。

当前国内视频监控市场的前景十分广阔，但由于各行各业需求不一致，视频监控的发展也存在不平衡的情况。有些地方的少数行业已经开始使用智能监控技术，而其他地方的许多行业仍在使用模拟视频监控。尽管模拟视频监控成本较低，在未来一段时间内仍将长期存在，并不会退出市场。然而，数字视频监控目前是国内视频监控市场的主流，在金融、企业、交通等行业中发挥着重要作用。近年来，随着我国现代化步伐的加快，科技手段在各行各业的应用程度普遍提高。“平安城市”“平安校园”等安防计划的深入开展以及机场、码头、车站、旅游景点等公共场所的视频监控范围、监控深度和监控点数量的进一步提升，逐渐推动了智能网络视频监控的接受，其优势也越来越明显。

总体而言，当前我国视频监控市场呈现出橄榄球形的分布状态。即第一代模拟视频监控和第三代智能网络视频监控的市场占有率都相对较低，而第二代数字视频监控技术占据了广大市场，被大多数用户使用。

自 20 世纪 80 年代我国引入视频监控技术以来，安防视频监控在我国迅速发展。各行业开始广泛应用视频监控作为基础的安防设施。2003 年，公安部提出“平安城市”建设计划，该计划是建设一个特大型、综合性非常强的管理系统，不仅满足治安管理、城市管理、交通管理、应急指挥等需求，还满足包括灾难事故预警、安全生产监控等方面视频监控需求，同时还要考虑报警、门禁等配套系统的集成以及与广播系统的联动。在“平安城市”工程的建设过程中，视频监控系统和城市报警系统成为重要的科技设备。移民管理部门作为公安系统的重要组成部分，也开始将视频监控技术应用到执勤现场，作为安防和监督措施。2007 年是公安部建设“平安城市”的高峰年，推动了口岸移民管理部门不断革新视频监控技术。至今，移民管理部门的视频监控应用程度不断深入和发展，已基本形成了省一级范围内的统一联通监控网络，初步实现了远程监控和集成监控。领导机关单位通过多层网络建设，可以直接查看口岸及执勤现场的监控录像，为统一指挥调度以及对执勤一线的情况进行监督检查提供了极大的便利，对移民管理部门的规范化建设起到了重要作用。

我国各地边检部门对视频监控的应用和依赖程度存在较大差距。总体而言，目前国内大多数边检部门在视频监控设备的使用上采用的是第二代数字视频监控系统，只有极少数边检站在使用第三代智能网络视频监控系统，并且应用还非常不成熟。在东部沿海地区，特别是江苏、浙江等地，由于其地理位置的优越性，设备更新速度与本地经济发展水平呈同步增长的趋势。这些地区的大多数边检站已开始探索和尝试从第二代数字视频监控系统向第三代智能网络视频监控系统的升级，并取得了初步成果。与此形成对比的是全国其他地方的边检站，目前仍停留在第二代数字视频监控模式上，它们对视频监控的依赖性并不强。在这些边检站中，视频监控设备的主要作用是现场监督，但由于工作模式的原因，视频监控的价值没有得到充分发挥，其作用非常有限。

在视频监控行业中流传着这样一句话，“美国国防部的研究表明，在一个非智能的视频监控系统中，一个工作人员监控两台监视器，10 分钟后将会遗忘 45% 的内容，20 分钟后将会遗忘 95% 的内容。”这句话常被视频内容分析厂商用于推销视频分析技术和产品。因此，对于视频监控系统来说，智能化是非常必要的。系统需要具备独立思考的能力，克服人为监控模式的不足。

在观看美国大片时，我们经常会看到这样的场景：在军事基地或某情报机构的外围有一圈摄像头，而匪徒们会设法破坏这些摄像头。如果他们不小心被摄像头发现，就会立即触发警报。这种完备无漏的监控报警模式不是一个人盯着一个视频墙就能实现的。这种快速、有效的智能监控模式就是视频监控的高端技术，即视频内容分析技术。视频内容分析技术是第三代智能网络视频监控系统的核心技术之一，是实现智能化视频监控的关键手段。视频内容分析技术最初源于国外，在军队中得到应用，后来逐渐普及并民用化。它的优势在于将工作人员从监视数百个摄像头的任务中解脱出来，将对可疑行为的探测工作交给计算机算法完成，使工作人员的主要任务变为查看报警信息并对警情进行核实和确认。

视频内容分析技术源自计算机视觉，能够建立图像与图像描述之间的映射关系，通过分离场景中的背景和前景目标，实现对场景中出现的目标进行探测、提取和跟踪，并进行行为识别。用户可以预设报警规则，在场景中一旦出现违反预定义行为规则的目标，系统会自动发出警报。监控工作站会弹出报警信息并发出警报声，用户可以点击报警信息，重新构建报警时的视频场景，并采取相关措施。视频内容分析技术的实质是自动分析和提取视频中的关键信息。目前，部署了视频内容分析单元的系统被称为智能网络监控系统，该系统将大量枯燥的内容分析工作交给编码器或计算机，使工作人员摆脱了传统繁重的监控任务，实现系统自动探测、跟踪和触发报警，而工作人员只需要查看录像，确认报警的突发情况，并与相关部门人员联系采取措施。

二、智能监控在移民管理工作中的应用

智能监控基于计算机视觉和模式识别技术，通过背景建模、目标识别等一系列算法对收集到的原始视频资料进行分析，进一步锁定目标行为并分析整个事件，实现人脸识别、人数统计与预测、目标行为异常检测以及目标提取与跟踪等功能。

根据不同的智能视频分析算法，智能监控系统延伸出多种不同的功能应用，大致可分为两类：一种是针对人、物的运动轨迹进行简单图像分析，如异常行为检测；另一种是视频检索技术，主要用于在海量的视频中快速搜索、提取有用的信息。本书主要结合智能监控的不同技术在其他领域（如铁路、治安等）实际工作中的应用，进一步设想智能监控在边检工作中的六个实现场景。

（一）人脸识别

对外开放的口岸涉及各种人员，旅客数量庞大，包括合法和非法出入境人员，甚至是可能存在危害国家安全的人员，如涉恐、涉暴极端组织人员。这给边检工作带来了巨大挑战。智能监控中的人脸识别技术能够快速显示人员信息，排

除潜在危险，有效降低口岸的安全风险，为出入境人员营造一个安全、稳定、良好的环境，展现大国形象。

（二）异常行为检测

异常行为检测是智能监控的主要功能之一。智能监控利用目标出现的时间和环境判断其行为是否正常。智能探头自动捕捉现场环境中的异常行为，利用视频自动分析技术从中提取有价值的信息，并进行深度智能分析，进一步识别和评估危险程度，并实时发出预警，将安全事故扼杀在摇篮中。

（三）通关人数统计及预测

边检机关长期以来一直需要统计出入境人数，过去通常通过自助通关设施和边检查验信息系统进行人工录入以确定和获取出入境旅客数量。然而，这种方法在口岸的公共活动区域和人工通道候检区域，无法准确估算人数。为了解决这个问题，在口岸的出入口、活动大厅等人员密集的重要区域设置了客流统计摄像机，通过提取视频图像中符合人体行为的特征来进行人数统计和预测。

人数的预测和统计是智能监控的重要功能。边检、公安、海关等单位可以利用这些功能根据提供的数据，在各单位所属的目标区域提前采取必要而有效的干预措施，例如对人群进行合理的分流等。

通过智能监控中的视频分析技术和人员数量统计，边检机关能够在每个时间节点进行高效的勤务安排，及时有效地解决因人员密度引发的安全问题。例如，调整检查人员的配置、开放通关通道、安排现场执勤民警等。当监测到人数过多导致拥挤时，监控后台会发出预警提示。为了保障现场人员安全，值班领导可以根据提示调整勤务工作，采取相应措施并提高执勤民警的警惕性，避免可预防的事故发生。例如，当出入境候检人员数量超过一定阈值时，值班领导可以视情况开通其他通道，减少人员排队等待时间，提高通关效率。相反地，当通关人数较少时，可以适当关闭通道，减少执勤人员数量，避免不必要的警力浪费。人数的统计和预测不仅对边检工作的发展方向起到引导作用，还为边检机关的决策、工作计划和对外交流活动提供重要依据。

（四）智能检索

智能监控是下一代监控设备，相较于一代和二代设备，拥有更大的存储容量和海量的存储空间。面对庞大的视频监控数据，采用人工查看模式寻找证据和线索就像大海捞针，效率低且容易遗漏，无法满足实际需求。智能监控的应用解决了这个问题，可以在有限时间内快速查找到更多有用的线索和相关视频，大大缩短了获取线索的时间和范围。

智能检索功能支持按时间节点和事件属性特征输入关键词和信息，能够迅速获取所需的视频资料。与传统监控设备相比，智能监控在工作中减轻了工作人员的视频搜索负担，节约了大量时间，并以最快的速度完成了高质量的工作，极大提高了工作效率。

（五）目标提取与跟踪

为了确保口岸的安全和稳定，边检民警需要全面了解口岸区域内人员和车辆的活动情况。为了及时判断可疑人员的活动轨迹或具体位置，必须进行目标跟踪。智能监控利用视频分析技术，根据时间顺序连续地识别每帧图像中的相同目标，并排除目标被遮挡、视觉误差和杂波等外部干扰因素，在不同环境中自动筛选出要检测的目标，然后自动匹配这些检测目标的属性和运动状态，实现对运动目标的提取和跟踪。在确定目标行为后，智能监控系统会在监控视频中自动对可疑目标进行特殊标记，并进行实时监控和跟踪。

（六）交通运输工具的信息识别

中国与 14 个国家接壤，边境口岸的“环境”非常复杂。在这些陆地口岸中，边检民警不仅需要对进出口岸的人员进行查验，还需要对过关的车辆进行核查，给边检民警的检查工作带来了巨大压力，尤其是在云南、珠海等地区。

智能监控的应用可以对通关车辆进行实时监控和记录，自动识别车辆的各项信息，如颜色、车型、车牌以及车辆所有人的基本信息。通过将智能监控系统与交通管理部门的车辆信息管理平台结合起来，可以精准打击驾驶套牌车、盗窃车、改装车等非法车辆的出入境行为；在一定程度上，对企图利用交通工具进行违法犯罪或逃避检查的不法人员起到震慑作用，降低口岸的安全风险。例如，对进入港珠澳大桥的车辆进行信息识别，自动与交管部门的车辆信息库进行核对，及时判断出使用伪造或套牌车牌的车辆，有效遏制违法活动。

智能监控技术是对传统视频监控技术的颠覆性创新，改变了多年来移民管理边防检查机关应用视频监控系统的习惯。

视频监控工作需要工作人员长时间盯着各个视频单元的监控情况，对负责的工作人员来说是一项非常耗费精力的工作，稍有放松就可能错过重要的现场画面。在一些警力充足的边检站，通常会通过增加视频监控值班人员数量来减轻视频监控人员的工作压力，但这并不能很好地解决问题。

智能监控技术使视频监控从人员主导的被动监控型转变为计算机主导的主动监控型，电脑代替了人脑进行复杂情况分析工作，从而解放了监控人员。应用视频内容分析能够有效解决监控人员面临的巨大压力，监控人员只需在报警时查看和核实报警信息即可。

在使用第二代数字视频监控系统时，尽管监控人员努力做好监控工作，仍会有很多信息无法捕捉到，一些可能导致安全事件的诱发因素容易被忽略，从而导致边检人员在处理突发事件时手忙脚乱，甚至无法处理。智能监控技术可以通过计算机分析系统对所有异常情况进行分析并发出报警。技术人员只需事先设计监控背景，并规定符合“正常情况”的背景状态，并根据需要进行定期更新。摄像头会实时监控现场画面，一旦监控画面出现与预定背景不符的情况，就会触发报警。

智能监控技术目前仍存在一些需要改进和提高的方面，但其先进的工作模式和理念已经得到了大部分业内人士和用户的认可。在不久的将来，智能监控技术将发挥重要作用。智能监控技术对硬件设备的要求较高，不仅需要能够快速处理数据的服务器，还需要支持高清探测的前端摄像设备，以实现功能的进一步完善。因此，建立一套基于智能监控技术的视频监控设备需要高昂的成本，这也是视频监控技术应用普及不广的原因之一。另外，智能监控技术的进一步发展还受限于图像采集设备和计算机数据处理设备的发展和革新程度。只有在各组成硬件都成熟发展的基础上，智能监控技术才能发挥更好的应用效果。总体而言，目前智能监控技术的应用程度相对较低，只能对简单的视频内容进行行为分析。要实现智能监控技术的普遍应用，还需要科学技术的进一步发展。尽管智能监控技术在边检部门尚未全面推广，但一些地方边检部门已经看到了其广阔的前景，并在探索该技术的应用。随着时间的推移和智能监控技术的进一步成熟，它必将在边检部门得到广泛应用并实现长远发展。

第三节　人工智能技术应用

人工智能（Artificial Intelligence，AI）是一门新兴的前沿技术科学，研究和开发用于模拟和延展人脑智能的理论和技术应用。作为计算机技术的重要分支，人工智能旨在理解智能的本质，并创造一种新型的智能设备，其解决问题和思考方式与人类相似，可以应用于语言和图像理解、机器视觉、智能搜索、智能控制、生物特征识别、专家系统、定理证明、博弈、自动规划、自动程序设计、遗传编程和机器人学等领域。

自深度学习算法提出以来，人工智能技术应用取得了突破性进展。从2012年开始，大数据时代的到来为人工智能提供了丰富的学习数据，深度学习算法在语音和视觉识别方面取得了重大技术突破，使得商业化应用成为可能。人工智能将成为新一轮产业发展的重要驱动力，进一步挖掘和释放现有科技的潜力，推动产业变革，促进社会各领域全面智能化需求的涌现，催生新技术、新产品和新产业，形成全新的生活和工作模式。人工智能技术正在广泛应用于各行各业，推动传统工作模式的演进，提高质量和效率。前文提到的生物特征识别技术和视频内容分析技术的进一步发展也必将融入人工智能的范畴。

一、人工智能技术

大部分新兴科学都曾存在于古人的想象中，人工智能也不例外。然而，从古人对人工智能产生美好幻想到其真正为人类服务，这段历史经历了漫长而曲折的发展过程。

正式提出“人工智能”概念的时间是在20世纪的五六十年代。在这个概念被确认之前，许多不同领域的科学家和学者对其进行了多种形式的研究和探讨。最初，哲学家们模糊地提出了这个概念，他们最主要的贡献是敢于进行大胆的假设。这个假设的核心思想是人类的思维过程可以机械化，后来被称为“形式推理”。这些哲学家将这个假设传授给他们的学生，经过多代人的补充和发展，这个看似不可思议的假设竟然成为后世研究人工智能的方向。

形式推理无疑点亮了人工智能领域的第一盏明灯。为了将人工智能变为现实，无数人类精英加入了人工智能研究的行列。随着人类知识的不断积累，一些学者着手打造“人工智能机器”。他们的理论基础源自“形式推理”的假设，试图通过形式分析的方式获取新的知识。根据历史资料记载，来自西班牙马略卡岛的哲学家拉蒙·柳利是第一位付诸行动的人。他发明了一些被称为“逻辑机”的设备。《人工智能的历史》中对这些设备的功能进行了描述：这些机器可以进行简单的机械组合，只需重新排列人类最基础的共识和关于世界的真理，按照新的逻辑顺序重新组装，就有可能产生新的知识。“逻辑机”在当时引起了上层社会的极大关注，但由于当时生产水平的落后，这些机器无法广泛应用。同时，由于无法达到百分之百的可靠性和普遍适用性，“逻辑机”并未被传承下来。然而，拉蒙·柳利的“逻辑机”理论和“标新立异”的思维对后世人工智能的研发产生了非常重要的影响。

人工智能诞生的重要客观因素是第一次和第二次工业革命带来的生产力水平的提升。到了20世纪初，人工智能的研究达到了一个真正的高峰。计算机和程序语言相继出现，人工智能似乎势不可挡。在这样的大环境下，人工智能于1956年8月在美国达特茅斯学院的一次会议中正式登场。这次会议由八位人工智能研究者主导，主要讨论如何制造出能够模仿人类学习和表现其他智能方面的机器。

由于参会者来自不同的领域和专业，对于“人工智能”的理解存在一定偏差。在持续的讨论和交流中，这个奠定人工智能基础的会议持续了整整两个月的时间。即使在会议结束时，关于“智能模仿的核心是什么”等问题参会者仍未达成共识。然而，最重要的是，这次会议的讨论内容为人们创造了一个新的名词——人工智能。

自从1956年达特茅斯会议首次定义“人工智能”以来，人工智能研究经历了多次起伏。正是通过每一次失败的总结和改正，人工智能技术才能不断突破和提升。在众多人工智能分支中，最具影响力和代表性的当数“智能下棋应用”。尤其是与之相关的三场“人机大战”轰动一时，为人工智能的发展奠定了基础，甚至可以通过这些比赛，窥见整个人工智能领域的最高技术水平。

第一场的主角是国际商用机器公司的专家塞缪尔开发的一款人工智能程序——“智能西洋跳棋”。塞缪尔曾参加过1956年的达特茅斯人工智能会议，被誉为“人工智能之父”。他在人工智能的理解和开发方面具有深厚的造诣。在研发这款智能程序之前，他就提出了“机器学习”的概念。“智能西洋跳棋”是一款采用机器学习的应用程序，具备自主学习能力，能够不断提高棋技水平。为了加速智能程序的自主学习效率，开发团队还为该程序开发了新的“强化学习技术”。凭借这项技术的支持，开发团队带着智能西洋跳棋程序挑战世界各地的西洋跳棋高手。最终，在1962年击败了当时的美国国际象棋冠军，成为各大媒体争相报道的焦点。

然而，这一事件也引起了对人工智能的质疑声音。一些学者认为跳棋游戏只是简单的“小朋友过家家”，没有真正的挑战，无法代表人工智能的实际水平。与此同时，在20世纪80年代，看起来更有前景的模拟“神经网络”的人工智能技术开始出现。然而，由于硬件的落后和算法的困难，这项技术最终无法解决复杂的问题。

渐渐地，媒体开始将人工智能视为昙花一现的科技噱头。此时，人工智能研究者许峰雄将目光转向比西洋跳棋更具挑战性的国际象棋。这促成了第二场关键的“人机大战”。经过大约12年的不懈努力，许峰雄开发出了一款名为“深蓝”的国际象棋人工智能程序。相比上一代，这款程序在问题搜索、计算速度和正确推理能力方面有了质的飞跃。1997 年 5 月 12 日，国际象棋人工智能程序“深蓝”击败了被誉为“国际象棋王”的俄罗斯棋手卡斯帕罗夫。成千上万的人关注了这场比赛，这次胜利足以证明人工智能的价值，并将处于低谷的人工智能技术提升到了新的高度。

然而，人工智能真正的“封神之战”是围绕着复杂度最高的围棋展开的。在 2016 年 3 月，谷歌公司开发的智能围棋程序 AlphaGo 与世界围棋冠军李世石对战。最终，AlphaGo 以明显的优势四比一取得了胜利。自那时起，人工智能成为众所周知的高端科技代表，各个领域都意识到人工智能将推动行业变革，纷纷投入人工智能的研发工作中。这进一步加速了人工智能的发展步伐，并在 2017 年迎来爆发，许多领域涌现出人工智能商业化和产品应用化的潮流。21 世纪人工智能技术取得突破后，其大致的发展脉络如图 3-1 所示。

我国人工智能的应用发展，主要经历了三个阶段。

第一个阶段被称为开启阶段，主要涉及制造业领域，当时流行的热词“智造”就是在这个阶段诞生的。这是我国刚刚开始重视并着力推动人工智能发展的里程碑。代表标志是《中国制造 2025》文件，在 2015 年 5 月由国务院总理李克强签批。这份文件出现在国家战略文件中，显示了人工智能对一个国家未来的重要性。文件强调，在新时期必须将“信息”与“制造”结合起来，走智能制造的发展道路。这意味着我国制造业的主要方向即将转变，开辟出了一条关乎我国人工智能发展的新道路。

第二个阶段被称为提速阶段。在这一阶段，我国公民、企业和单位对人工智能有了新的认识和理解。同时，一些与人工智能研发相关的课题和产业也取得了良好的开端。为了巩固和加强这一势头，国务院于 2016 年 3 月发布了《国民经济和社会发展第十三个五年规划纲要（草案）》。从此，人工智能建设成为“十三五”期间的重大工程之一，并开始加快发展步伐，借助“互联网 +”的概念作为新的方向和引擎。

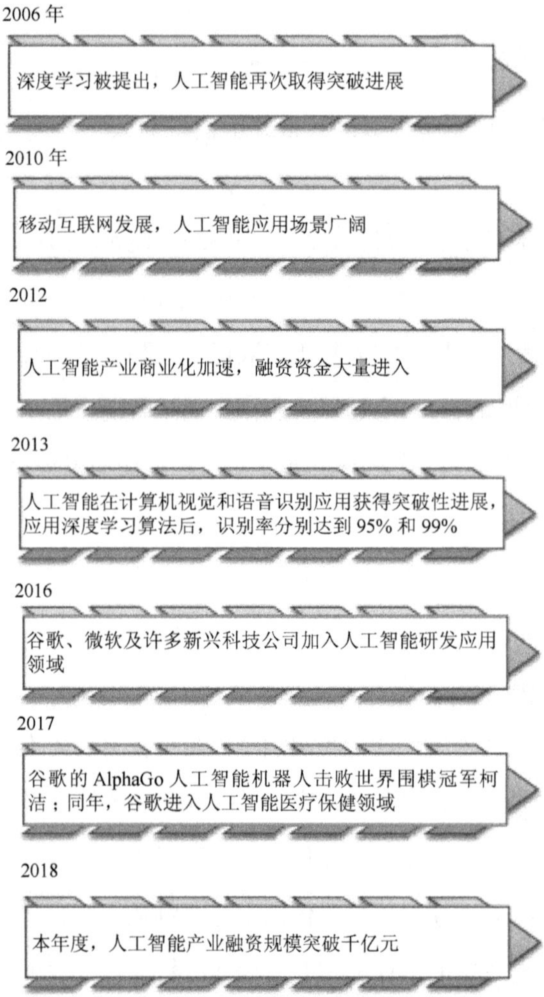

图 3-1　人工智能产业发展脉络

第三个阶段被称为爆发阶段。“围棋之战”对全球的人工智能研究产生了巨大影响，我国也看到了人工智能爆发的能量和潜力。这需要我国迎接挑战、抓住机遇，为我国自主的人工智能发展注入强大动力。在 2017 年 3 月，《人工智能》一词出现在第十二届全国人民代表大会第五次会议的政府工作报告中。这表明，人工智能作为一项科学技术，不仅在商界和民间产生了巨大影响，甚至有可能成为衡量国家整体实力的重要参考。它有可能发展成为整个互联网发展提供强大动力的新引擎。

随着我国政府高度重视人工智能的技术进步和产业发展，人工智能商业应用也取得了巨大成果。根据《中国人工智能行业市场前瞻与投资战略规划分析报告》的数据显示，截至 2017 年，我国人工智能市场规模达到 2 374 亿元，比 2016 年增长了 67%。其中，以图像识别、视频识别、生物识别等技术为核心的计算机视觉市场规模占比最大，达到 34.9%，约为 828 亿元。报告还预测到 2021 年我国人工智能市场规模将突破千亿元，并在 2023 年突破 2 000 亿元，达到约 2 364 亿元，如图 3-2 所示。

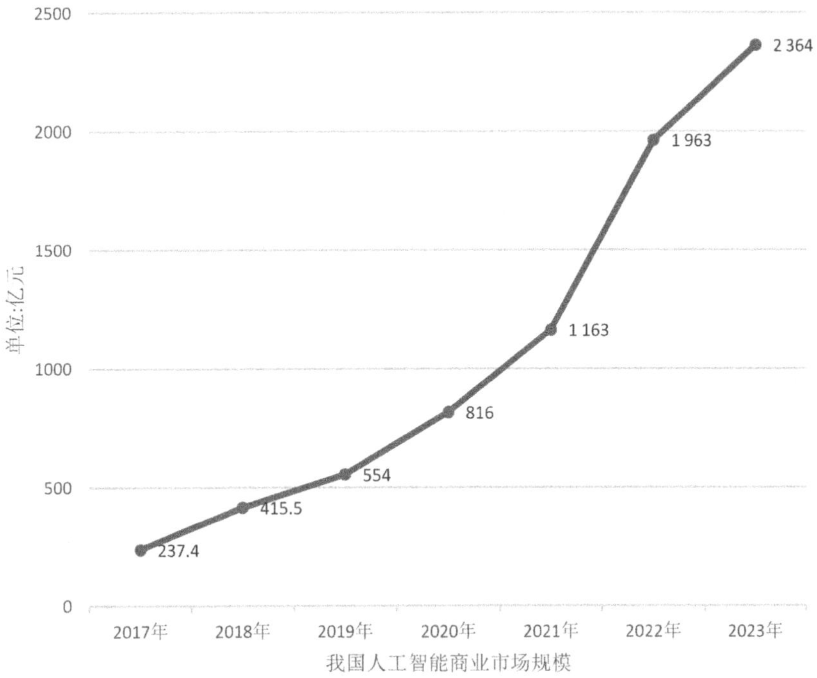

图 3-2　我国人工智能商业市场规模

二、人工智能在移民管理工作中的应用

人工智能是覆盖范围十分广泛的科学，其中涵盖了机器学习、计算机视觉等

多个学科和技术。总体来说，人工智能研究的一个主要目标是使机器能够胜任一些通常需要人类智能才能完成的复杂工作，例如谷歌的AlphaGo以3比0完胜围棋世界第一人柯洁九段、百度的无人驾驶出租车在湖南长沙开始试运行、会说相声的机器人等。随着中国与世界的交流日益加深，在华外国人数量和出入境通关旅客数量均大幅增加，移民管理工作人员的工作压力越来越大。同时，人工智能技术不断进步，各类经典实用的产品不断问世，可以说人工智能在移民管理工作中的应用是一个必然结果。

目前，除了前文所述已经应用在实际工作中的生物特征识别技术和视频智能监控技术外，人工智能还可以应用于机器翻译、口岸限定区域巡视、网上智能搜索等方面。

（一）外国语言翻译

机器翻译是利用计算机将一种人类语言（源语言）转换为另一种人类语言（目标语言）的过程。它是计算语言学的一个分支，也是人工智能的一个重要目标，具有重要的科学研究价值和实用价值。随着经济全球化和互联网的飞速发展，机器翻译技术在促进政治、经济、文化交流等方面起到越来越重要的作用。

据国家移民管理局通报，2018年全国出入境边防检查机关检查出入境人员达到6.5亿人次，比去年增长9.9%。外国旅客入出境首次突破9 000万人次，达到9 532万人次（外国公民6 099万人次，外国边民3 433万人次），同比增长11.6%。面对出入境人员和交通运输工具数量持续增长的挑战，国家移民管理局不断深化“放管服”要求，简化边检查验手续，创新查验模式，推出中国籍旅客通关候检时间不超过30分钟、扩大自助通关适用人员范围、国际航行船舶网上办理边检手续等一系列通关便利举措。2018年，边检人均查验时间减少至45秒，大型口岸高峰期旅客候检时间环比缩短约10分钟。

移民管理工作主要涉及与来华外国人沟通交流，尤其是在出入境边防检查站验放旅客时，时间紧任务重。当检查员与外国旅客沟通时，需要检查员现场及时给出反馈。然而，遇到沟通困难时，检查员往往没有充足时间寻找外部帮助解决问题。外国旅客国籍遍布全球，所使用的语言种类多样，许多小语种外国旅客并不会说英语。即使边检站配备了一两名懂小语种的人员，也无法应对所有语种。因此，一款能够自动翻译和转换各种语言的智能设备在这种情况下可以发挥重要作用。

（二）口岸限定区域巡视

口岸限定区域是指各对外开放口岸为保障边防检查站正常执行公务和维护出境、入境秩序所划定的管理区域，任何人不得随意进出，不得在限定区域内违反法律法规和出入境管理条例。受自然条件限制，有些口岸的封闭性较差，监控设备等硬件设施未达到要求，对限定区域的管理相对困难。很多边检站没有配备必要的巡逻艇，甚至没有启用专门的巡查车辆。此外，一些码头港区也没有可用的值勤房，这从客观上导致了对口岸限定区域的日常管理不到位问题。为了尽可能地加强对口岸限定区域的管理，边检站只能派遣更多的人员进行巡逻，甚至需要 24 小时警戒值守，这消耗了大量警力。

无人驾驶汽车是智能汽车的一种，也称为轮式移动机器人，主要依靠车内以计算机系统为主的智能驾驶仪来实现无人驾驶的功能。无人驾驶汽车能够全天候不间断巡视，利用车载智能设备可以发现、判断各种违法违规事件，并及时通知工作人员进行处理。在海港口岸方面，还可以引进智能无人机进行海面巡逻，实时通知工作人员发现的问题。依靠人工智能设备完成口岸限定区域的巡视，可以极大地减轻边检站口岸限定区域管理的工作压力。

（三）网上智能搜索

在互联网飞速发展的今天，“互联网 +”的理念已经渗透到社会各个领域，影响着人们的生活。2018 年 9 月 14 日，李克强总理在国务院常务会议中部署了加快推进“互联网 + 政务服务”，旨在深化政府自身改革，更大程度地为企业和民众提供便利。可以说，“互联网 + 政务服务”不仅是技术层面上政务公共服务的结合，更是施政思路、行政导向以及服务主体的深刻变革。

移民管理工作方面的电子政务主要包括个人事务办理申请和网上业务咨询。

在网上业务咨询方面，咨询者最常遇到的问题是“答非所问”。网页会给出若干条相近的答案，咨询者浏览了三四条答案后，依然不能得到自己想要的信息。因此，许多人更倾向于通过电话或当面咨询，网上政务的实施效果大打折扣。

这种“答非所问”的现象在大型网络搜索引擎提供商的产品中也存在。在2019年世界互联网大会上，李彦宏表示，百度搜索将在人工智能时代焕发出巨大潜能。通过应用人工智能技术，百度搜索结果的首条满足率在2017年是16%，2018年提升到37%，而2019年已经达到51%左右。过去的百度搜索是一个问题给出十条链接，用户需要自行选择。随着人工智能的发展，搜索引擎将会在用户搜索时第一时间给出唯一且正确的答案。

未来，在移民管理工作方面的电子政务中，可以充分应用百度等科技公司的人工智能搜索功能，为业务咨询者提供准确且唯一的答案，既方便了人民群众办事，也不必专门安排工作人员负责解答工作。此外，国家移民管理局内部的学习网站也能够高效准确地为广大一线工作人员提供资料查询服务。

第四章　移民管理信息化建设两个重点方向

我国移民管理信息化建设已经走过30多年的历程。通过移民工作人员的不懈努力，我国移民管理工作的信息化应用从最初的探索和尝试，发展到了如今的成熟自信，全面开花。信息化已经渗透到我国移民管理工作的各个方面，显著提升了工作效率，减轻了工作人员的压力，同时也方便了广大的出入境人员。这加速了我国移民管理工作的规范化建设进程，促进了中国与世界的进一步交流。虽然我国移民管理工作的信息化建设取得了显著的成就，但我们的工作人员不能因此骄傲自满，固步自封。我们需要密切关注科技的发展进步，及时了解世界各国移民机构的先进做法，用革新的理念和大胆的创新推动我国移民管理工作的信息化建设走上新的高度。

第一节　基于云计算技术的信息化

近年来，移民管理机关积极贯彻科技强警战略，不断加强信息化基础设施建设，进一步提升信息化应用水平，为完成各项任务提供了坚实的保障，取得了显著的成果。但在信息化建设的推进过程中，我们还遇到了一些挑战，如信息化数据的统一管理问题，硬件资源管理难度增大，以及软件设计架构落后等。云计算技术的出现为解决这些问题提供了一个有效的解决方案。云计算技术不仅带来了科技的革新，也引领了思维方式的变革。作为未来信息技术发展的趋势，云计算技术将在整合资源，提升工作效益，实现资源共享，推动移民管理工作信息化建设，实现移民管理机关的科技化和现代化等方面发挥重要的作用。

一、云计算技术

云计算，这是一个众说纷纭的话题。例如，维基百科定义云计算为“一种基于互联网的新型计算方式，通过异构、自治的互联网服务，为个人和企业用户提供按需即取的计算服务”。知名咨询机构 Gartner 将云计算定义为“一种利用互联网技术将庞大且可伸缩的 IT 能力集合起来，作为服务提供给多个客户的技术”。而 IBM 则认为“云计算是一种新兴的 IT 服务交付方式，应用、数据和计算资源能够通过网络作为标准服务，以灵活的价格快速地提供给最终用户”。

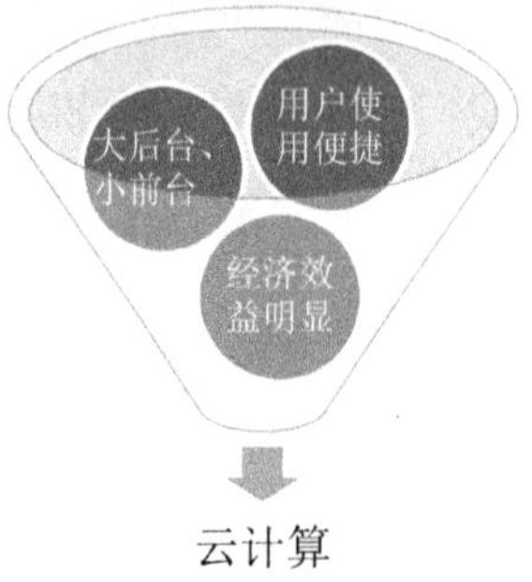

图 4-1　云计算的特点

虽然这些定义都有其合理之处，但它们并未真正抓住云计算的核心。云计算是新一代 IT 模式，它的主要特点可以概括如下：云计算能在后端庞大的云计算中心的支撑下，为用户提供更方便的体验和更低廉的成本，如图 4-1 所示。

具体来说，云计算技术的后台拥有规模庞大、高度自动化、高可靠性的云计算中心。客户可以随时随地通过网络（并不仅限于互联网）访问各种基于云计算的应用程序，而且客户无须进行程序的安装和维护等烦琐工作。同时，无论是企业还是个人用户，都能以相对较低的价格使用这些直接服务，或者按需在云上搭建所需的服务程序。在付费模式上，云计算与水电等公用事业非常相似，用户只需为实际使用的资源付费。因此，无论对个人还是企业，云计算都将在用户体验和成本两方面带来显著的优势。

云计算技术代表了继 20 世纪 80 年代从大型计算机转变到客户端 - 服务器应用模式之后的又一次重大转变。在个人计算机和互联网的革新之后，云计算技术被视为第三次 IT 浪潮，它是中国战略性新兴产业的重要组成部分，并将引发生活、生产方式和商业模式的根本变革。云计算技术是并行计算、效用计算、分布式计算、虚拟化、网络存储、负载均衡等传统计算机和网络技术发展的综合产物。

云计算基于网络和可配置的共享计算资源池，能够提供方便、按需的计算和服务访问。以网络为中心，云计算提供安全、快速、便捷的数据存储和网络计算服务，让网络这片“云”成为每个客户的数据中心和计算中心。在云计算环境中，用户无须在本地计算机终端安装配置软件，可以交由云计算管理人员在后台完成配置，客户直接登录使用。客户的数据信息也保存在云计算中心，由云计算技术自动管理存储。云计算在全球范围内的兴起，为信息化建设的加速发展提供了难得的机遇。因此，深入开展云计算应用研究，以借力推动信息化建设发展并提高信息系统的计算能力，具有十分重要的意义。

（一）云计算的特点

1. 按需提供计算性能

相较于传统的服务器模式，云计算用户能够根据实际的业务需求，通过云计算服务平台，在服务水平协议的框架下，对云计算资源进行实时的调整。云计算服务提供者也可以及时地对云计算资源进行动态调整与统一调配，从而为云用户节省了成本，也提高了社会整体 IT 资源的使用率。通过云计算服务，用户可以控制周期性资源需求的峰值，解决了用户的设备性能危机。

2. 移动访问

与传统的访问方式不同，云计算用户不受特定设备和地域的限制。通过云计算服务提供商提供的云计算服务平台，或者为用户专门定制的平台，用户可以实现对云计算资源的使用，大大提高了使用者的工作效率。

3. 资源池化

云计算提供商将其硬件资源通过逻辑单元进行分区，各种硬件设施组成的逻辑单元总和就构成了资源池。服务商会根据用户与服务商签订的服务等级协议，对不同逻辑分区中的资源进行组合，形成满足用户需求的虚拟机，然后交付给用户使用。云计算采用的这种模块化设计结构，一方面能够根据客户需求进行“量身定制”，最大限度地满足客户的实际需要，拓宽了云计算的使用领域；另一方面，模块化的设计方式可以提高云计算技术的整体可用性水平，当某一模块出现问题时，虚拟机监控器可以及时进行替换，而不会影响用户在这一过程中的使用。

4. 完善的运维机制

云计算的运行维护工作主要在“云”的另一端的云计算中心进行，因此用户端无须过多关注运维工作。云计算中心配备了最专业的技术团队来帮助用户管理信息，并配备了最先进的硬件设备来帮助用户保存数据。此外，完善的权限管理可以保证这些数据不被恶意访问。用户无须花费过多的资源，就可以享受到最专业的服务。

5. 绿色环保

云计算技术将分散在各地服务器上的工作整合到云计算中心，通过集中管理和使用资源来提升工作效率。其电源使用效率（PUE）值非常出色。例如，Google 数据中心的 PUE 值大概在 1.2 左右，即在计算资源上每花费 1 元钱，只需额外再花 0.2 元钱用于制冷等配套工作，而传统数据中心的 PUE 值通常在 2 和 3 之间，效率相对较低。

正是因为这些特点，云计算能够以低成本提供更方便的体验，这也是云计算能够被大多数业界人员推崇的原因。

（二）云计算的影响

虽然云计算最初只被 IBM 和 Google 公司应用，但它对全球 IT 产业的影响是深远的。服务器供应商、软件开发公司以及终端设备供应商，即云计算的构建者和运维者，都深受其影响。

1. 对服务器供应商的影响

主要的服务器供应商包括 IBM、华为、戴尔（Dell）和惠普（HP）等。对于这些供应商，云计算产生了两方面的影响。首先，需求变化。尽管中小企业会不断加大对 IT 技术的投入，但它们更倾向于选择云服务，这将导致来自中小企业的订单减少，而来自云服务供应商的订单大幅增加。其次，产品变化。由于大型云计算中心对硬件设计有特定需求，因此它们希望服务器供应商能提供定制的硬件。这意味着服务器供应商的产品方向将从主要生产通用的 x86 服务器，转变为同时生产通用和定制产品，这种为云计算优化的解决方案将受到欢迎。虽然这可能对依赖中小企业的硬件厂商产生不利影响，但从长期看，能够持续创新，提供出色的云计算解决方案的硬件厂商将会从这股云计算浪潮中脱颖而出。

2. 对软件开发公司的影响

主要的软件开发公司包括微软、Red Hat、Oracle 和 VMware 等。云计算对它们主要产生了三方面的影响。首先，软件交付方式变化。由于引入了虚拟设备（Virtual Appliance）等软件发布格式，降低了软件的开发、维护和销售的成本和复杂度，同时也加快了软件部署的速度。其次，软件销售和发布方式变化。由于基于云的软件发布平台（例如，苹果的 App Store、中国移动的 Mobile Market 和 VMware Virtual Appliance Marketplace 等）的出现，发布、推广和销售软件变得越来越简单，成本也更低。最后，技术变化。软件将与云技术进行深度整合，如应用类的软件，会选择 Web 作为其首选的界面，而中间件和底层的系统软件将会为在云中运行做更多的优化。

3. 对终端设备供应商的影响

云计算对终端设备供应商包括苹果（Apple）、华为、小米和联想等也产生影响。随着移动设备变得越来越轻薄便携，性能持续提升，并且能够便捷地接入多种无线网络（如 Wi-Fi 和 5G），对移动设备的市场需求将持续增长。未来，云终端设备将不仅局限于手机、平板和笔记本等移动设备，还将涉及更广泛的社会领域，如电视和汽车等。因此，终端设备供应商将面临巨大的创新空间。

4. 对云供应商的影响

云计算领域的供应商包括国外的亚马逊（Amazon）和谷歌（Google），以及国内的阿里巴巴和腾讯等。随着云计算的推广和广泛接受，云计算中心的规模将持续扩大，这将为云供应商带来降低运营成本和提高经营利润的机会。例如，它们可以将云计算中心建设在能源成本低廉的地区（如靠近电厂），或者建设在制冷成本较低的地方（如气候寒冷的地区）。云计算业务具有稳定性，能够为云供应商带来持续的现金流。

5. 对整体的影响

毫无疑问，在短期内，由于产业结构的变化，云计算可能会给整个 IT 产业带来一定的冲击。然而，从长远来看，云计算将对整个 IT 产业带来积极的影响。云计算将推动产业布局的进一步优化和专业分工，并为所有 IT 从业人员提供了一个创新的舞台。最终，所有参与者将共同努力，创造出一整套属于云计算产业链的解决方案，就像在大型机和个人电脑时代那样。

（三）云计算的应用

云计算的技术已经成熟并得到广泛应用，在 IT 产业的各个方面都具有重要作用。

1. 企业云

企业云适用于中大型企业，有助于提升其内部 IT 数据中心的运维水平，使企业员工能更专注于核心业务。相关的产品和解决方案包括 IBM 的 WebSphere Cloud Burst Appliance、阿里云的企业级云解决方案和 VMware 的 vSphere 等。企业自行使用和管理的云被称为私有云，它们通常部署在公司的内部网络中，受到企业自身的严密管理。私有云与公有云享有相似的优势，不同之处在于企业需要自行负责私有云的构建和维护工作。相对地，公有云是为广大公众或大型组织提供的云服务，由提供云服务的第三方机构所有并运营。公有云通常通过 Web 应用程序动态提供共享资源，并按照实际使用量进行收费。

2. 云存储

在大数据时代，数据被视为最珍贵的资源。无论是政府部门用于行政管理，还是私营企业用于创造商业价值，甚至个人用于存储个人信息，数据都发挥着重要作用。然而，传统的本地存储方式由于存在数据损坏和设备丢失的风险，使得数据保障显得愈发重要。此外，对于个人和企业来说，购买和维护大容量数据存储设备的成本也相当高昂。云存储通过云计算技术在远程设备上整合存储资源，以合理的价格为用户提供安全可靠的数据存储服务。中国电信的天翼云、Amazon 的 S3 云存储服务和腾讯云的对象存储等都是此类产品的代表。

3. 虚拟云桌面

许多机构拥有大量的个人电脑，但是这些电脑的安装、配置和维护工作消耗了大量的人力资源，使得这种分散式的管理模式变得不再适应现代化的需求，尤其是对于私营企业来说，改革的需求日益显著。虚拟云桌面为这个问题提供了解决方案，它运用成熟的桌面虚拟化技术，有效降低了端点电脑的总体成本，同时更好地保障了电脑数据和信息的安全，提供了灵活稳定的使用体验。桌面虚拟化技术将用户的桌面系统与其使用的设备分离，将每个用户的桌面系统统一存储在云服务器上的虚拟镜像中，由云管理员统一进行管理和维护，如安装、升级和配置相应的软件等，而用户则可以通过经济实惠的设备访问已配置好的桌面系统环境。这种解决方案特别适合那些需要大量个人电脑的机构。华为的 FusionAccess 和 VMware 的 Horizon View 是此类产品的代表。

4. 云游戏

传统的游戏软件通常需要大量的存储空间，无论是单机游戏还是网络游戏，都需要用户花费大量时间进行下载和安装，这使得用户无法立即开始游戏体验。此外，购买游戏的成本也较高，导致用户在尝试新游戏时可能会有所犹豫。为解决这个问题，一些公司推出了云游戏解决方案。这种解决方案主要分为两类：一类是基于 Web 的游戏模式，使用 JavaScript、HTML5 和其他网页技术，将游戏部署在云端，适合休闲游戏；另一类是针对大型、高质量的专业游戏的解决方案，整个游戏在云端运行，将实时生成的画面流传输至用户设备。无论是休闲玩家还是专业玩家，都可以在云游戏中找到适合自己的游戏。一些产品包括 Facebook 上许多休闲游戏所采用的后端云和 HTML5 的组合，以及 Google 的 Stadia 和 NVIDIA 的 GeForce Now 等云游戏平台，尽管由于当前的网络环境，完全流畅的游戏体验还存在一些挑战。

5. 云端杀毒

传统的杀毒软件通常安装在用户的本地计算机操作系统上，通过定期更新病毒特征库来检测和消除新型病毒。然而，随着恶意软件数量的不断增加，杀毒软件的病毒特征库也变得越来越大，从下载到安装，过大的病毒特征库可能会影响用户的体验，同时也会消耗大量计算机系统的资源。云端杀毒技术将大型的病毒特征库存储在云计算服务器上，杀毒软件通过将可疑文件上传至云端，并利用云端的计算资源进行分析，确定文件是否含有恶意软件。这种技术非常适合那些需要杀毒软件来保护计算机安全的用户。许多现代杀毒软件都支持云端杀毒功能，例如 360 安全卫士和金山毒霸等。

二、从“云计算”角度分析信息化建设的不足

当前的移民管理工作主要使用传统的计算机终端系统，也就是将计算、存储、应用程序和操作系统集成在台式机或笔记本电脑中，这种系统通常被称为“胖客户端”系统。尽管这种系统的操作灵活度高，支持多种程序和操作系统，因此在移民管理工作中得到了广泛应用，但随着信息时代的到来，传统的客户端系统日渐庞大，而它在成本、效率、管理和安全等方面也面临着前所未有的挑战。

（一）数据管理分散，资源利用率低

在目前的移民管理工作中，对各类数据资源的管理相对较弱，这极大地制约了信息化建设的发展。大部分数据分散分布，各自管理，各个业务信息系统的数据资料仍未实现系统化管理。随着信息科技的快速发展，各移民管理机关拥有了大量功能强大的计算机，但这些资源的利用率并不高，大多只用于文字处理、制表和浏览网页等基本工作。而随着计算机技术的不断进步，计算机硬件性能的提升导致了大量的资源闲置，造成资源浪费。

（二）设施管理困难，资源矛盾突出

随着信息化应用在社会中的普及，对机房空间和硬件设备的需求也随之提

高。依赖硬件扩容的资源拓展方式已无法满足信息化发展的需求。硬件设备的增多使得运行管理的难度也日益增大。由于技术管理手段的不足，一方面出现设备空转、能耗浪费的现象，另一方面设备性能不足、不断需要扩容新设备的问题也并存，使得硬件资源的问题越来越明显。

（三）保密问题严重，存在安全风险

虽然公安系统的“一机两用”监控系统在一定程度上防止了移动存储介质交叉使用等问题的发生，但对于通过非本地磁盘的其他系统访问本地数据的情况却无法防止。此外，私自将工作用的计算机或移动存储介质带出办公区，或者移动存储介质的丢失，都可能造成严重的安全隐患。同时，大多数个人办公计算机并未设置冗余备份，一旦硬盘损坏，内部数据可能会全部丢失，造成无法挽回的损失。

（四）经费开销巨大，维护保养困难

移民管理工作信息化的经费开销主要集中在两个方面，一是硬件设备的配置、启用及维护更新费用，二是设备运维人员的人力成本。随着信息化建设的进行，计算机客户终端、系统服务器、网络设备的数量在不断增加，每年用于新购及更新现有硬件设备的资金开销巨大。同时，信息系统应用程序越来越多，硬件设备型号也变得多样化，全国范围内的移民管理工作人员对各类软硬件设备的维护工作需要花费大量精力，使本就紧张的人力资源更加捉襟见肘。

三、云计算技术在移民管理信息化建设中的优势

（一）显著降低运行成本

在移民管理工作中，许多业务系统在独立的服务器上运行，这常常导致服务器资源的闲置和浪费。但借助虚拟化，可以将多个应用系统整合到一个硬件平台上。也就是说，计算机硬件由云计算平台统一提供，所以用户无须维护硬件，这极大地降低了用户硬件和系统的维护成本。由于用户的大部分软件在“云”上运行，这可以节省用户的电脑资源，从而加快运行速度。

（二）显著提高工作效率

云计算模式指大规模的计算机联合起来共同工作，能提供强大的计算能力。用户的计算机无法完成的任务可以通过云计算轻松完成。当用户连接到云计算系统后，就能利用整个“云”的计算能力。用户提交任务请求后，云计算系统中的所有计算机会运用各种方法搜索众多数据库，为用户提供尽可能完整的搜索结果。

以电子护照的应用为例，越来越多的生物信息被储存到电子芯片中，这使得移民管理工作变得更加高效和准确。在过去，出入境人员的身份信息只包括姓名、性别、出生日期、证件号码等文字信息。而现在，出入境人员的生物信息包括面部特征、指纹，未来甚至可能包括虹膜信息，每个出入境人员的信息大小可能会超过 1 M。当边检站需要甄别或筛选出入境人员信息时，如果只依靠一个边检站的计算机，将需要花费大量的时间进行计算。但是，使用云计算后，“云”中的所有计算机就会迅速搜索每个数据库，这不仅提高了效率，也使得获取的结果更加准确和全面。

（三）业务系统稳定且可靠

系统可靠性是指各种由元件组成的系统的可靠性分析和确定。它表示系统在规定的条件下和规定的时间内完成规定功能的能力。由于各移民管理机关业务系统的相对独立性，如果运行业务系统的服务器发生硬件故障，只能通过双服务器备份来恢复业务系统的正常使用。在云计算模式中，运行业务系统的服务器发生硬件故障时，由于云计算平台虚拟系统的硬件平台无关性，只需要将备份好的虚拟服务器的配置文件和虚拟硬盘镜像文件还原到新的服务器上，就可以恢复业务系统的正常使用，而无须使用另一个服务器进行备份。

（四）平滑过渡的升级迁移

随着移民管理信息化建设的不断升级，常会面临旧服务器报废，新服务器无法完美兼容旧操作系统和应用系统的问题。借助云计算，这个问题可得到解决。用户可以在体验新服务器硬件优越性能的同时，低成本和高效率地整合多操作系统异构平台的应用，实现从原有操作系统和应用系统到新系统的平滑迁移。

（五）保证数据信息的安全和保密

云计算的安全策略构想是：使用者越多，每个使用者就越安全。因为庞大的用户群可以覆盖“云”的每个角落，一旦有客户端被植入木马或出现新的病毒，就会立即被截获。通过大量的客户端对“云”中的软件行为进行异常监测，获取网络中木马、恶意程序的最新信息，推送到综合平台进行自动分析和处理，再把解决方案分发到每一个客户端。

同样地，在云计算中，一台电脑的崩溃不会影响数据的存储，因为云会自动备份存储数据。在云计算模式中，数据存储集中，便于数据中心工作人员对数据进行统一管理，实施可靠的安全实时监测。这样，用户的数据安全可以得到最大程度的保障。

移民管理机关可以按照公安部《信息安全等级保护管理办法》的相关要求建设云计算系统，数据按标准存储在“云”端，内置完整的安全保密组件，各业务子系统在计算机云综合平台安全机制的保护之下，信息安全得到全面提升。广大民警可以使用虚拟化终端或者云终端通过加密的信道直接访问服务器，即使终端丢失也不会泄密，最大程度保证信息安全，有效防止信息丢失、信息损坏和信息被窃取。

（六）高效共享信息资源

虽然现在的移民管理工作通过公安网已经实现了一定程度的信息共享，但仍然不够。举个例子，假设某个边检机关想要获取其他口岸的出入境信息，由于各边检机关之间的信息并不能直接共享，只能在后台通过服务器获取数据，效率低下。然而在云计算模式中，只需要通过综合平台发出指令，云计算系统中的各个分布式计算机就开始检索相关信息，并将搜索结果返回给用户。整个过程都由综合平台负责资源和信息的整合，极大地提高了信息资源共享度。

第二节　基于“大数据”开展信息化建设

移民管理工作具有服务和管控的双重职能。衡量移民管理工作的合格与否取决于是否能够为合法的出入境人员提供便捷高效的服务，及是否能有效地识别和管控非法出入境人员。移民管理部门应该与信息时代的发展同步，积极改革工作方式和方法，充分运用大数据思维开展工作，提高工作效能。

一、大数据的概念

（一）大数据的内涵

大数据，又称巨量数据或海量数据，指涉及的数据量规模巨大，以至于无法通过传统主流软件工具在尽可能短的时间内收集、分析和整理成为能够支持相关单位和部门有效决策的信息结果。它需要采用新的处理模式，以提供更强大的决策能力、洞察力和流程优化能力，是海量、高增长率和多样化的信息资产。利用大数据不仅关注数据的规模庞大，更重要的是注重对数据进行专业化处理，通过加工使数据具备增值功能。

大数据是一个不断演变的概念。随着 IT 技术的发展和数据的累积，大数据已从原本是 IT 企业技术人员的专业术语逐渐演变为一股社会浪潮，影响着人类社会生活的各个方面。在金融、医疗、旅游、交通、传媒等领域，大数据得到了广泛关注和应用。大数据正在全球范围内创造着不可低估的商业价值。应用大数据可以显著提高数据的准确性和及时性，降低企业的交易成本，帮助企业分析数据并深入挖掘细分市场，缩短产品研发时间，提升企业的商业决策水平，降低经营风险。

随着新型信息发布方式的不断涌现，例如博客、社交网络和基于位置的服务，以及云计算和物联网等技术的兴起，数据正以前所未有的速度增长和累积，大数据时代已经来临。

据估计，数据总量一直以每年 50% 的速度增长，也就是说每两年数据量翻倍。这意味着最近两年人类产生的数据量相当于之前全部数据的总和。根据国际数据公司（IDC）的监测数据显示，2019 年全球大数据存储量达到了 41 ZB，预计到 2025 年将达到 175 ZB。举例来说，在全球范围内的工业设备、汽车、电子仪表和装运箱中，都安装了无数的数字传感器，这些传感器能够测量和交换位置、运动、振动、温度和湿度等数据，甚至还可以测量空气中的化学变化。通过将这些传感器与计算机智能连接起来，形成了目前的“物联网”或“工业互联网”。信息获取方式的进步是大数据快速发展的重要原因。物联网、云计算、移动互联网、车联网、手机、平板电脑、个人电脑以及遍布地球各个角落的各种传感器，都成了数据的承载者。

学术界、实业界甚至政府机构都开始密切关注大数据的发展，并对其产生了浓厚的兴趣。学术界方面，早在 2008 年，《自然》杂志就推出了大数据专刊。知名咨询公司麦肯锡发布了一份详细的大数据应用报告 *Big data：The next frontier for innovation，competition，and productivity*，对大数据的未来影响、关键技术和可能的应用领域进行了详尽分析。2012 年 3 月，美国奥巴马政府发布了《大数据研究和发展倡议》，计划投资数亿美元，正式启动了“大数据发展计划”。该计划旨在利用大数据技术在生态环境、生物医学、科学研究等领域实现技术突破。奥巴马政府的这一计划被视为美国政府在信息科学领域继“信息高速公路”计划之后的又一重大战略举措。

那么，如何给大数据下一个准确定义呢？一般而言，人们普遍认同大数据的四个特点，也被称为 4V，分别是：Volume（数据量）、Variety（数据多样性）、Value（数据价值）和 Velocity（数据处理速度）。接下来将详细介绍大数据的这 4 个特点。①数据量（Volume）巨大：以 2020 年为例，每分钟互联网发送的电子邮件数量达到了 156 000 000 封，应用市场下载的应用程序数量达到了 342 000 个。这显示了人类社会已经进入信息化和大数据时代。②数据多样性（Variety）：数据可以分为结构化数据和非结构化数据。结构化数据具有相同结构，并且可以用表格表示。非结构化数据则难以用传统的二维逻辑表达，早期的非结构化数据包括电子邮件、文档、健康和医疗记录等。随着互联网和物联网的发展，非结构化数据扩展到了网页、社交媒体、感知数据，包括音频、图片、视频和模拟信号等，真正展现了数据的多样性。③数据价值（Value）的低密度性：大数据的价值主要体现在蕴藏于大量原始数据中的少量有潜在价值的信息。与原始数据直接呈现的信息内容不同，大数据的价值更多地需要通过技术手段从中提取出来。例如，在几小时的监控视频中，我们可能只关注其中几秒钟的内容。④处理速度（Velocity）的高速性：传统数据挖掘更关注从大量数据中发现有巨大价值的潜在规律，对处理速度并不过分关注；而在大数据时代，要求数据挖掘能够在短时间内找出大量数据中的潜在价值。

舍恩伯格的《大数据时代》赢得了广泛赞誉，使他本人成为大数据领域的领军人物。在舍恩伯格看来，大数据具有三个特征：①全面样本而非抽样；②注重效率而非精确性；③强调相关性而非因果关系。

第一个特征非常容易理解。过去，由于无法获取全体样本，人们发明了“随机抽样调查”的方法。理论上，样本抽取越随机，越能代表整体样本。然而，问题在于获取一个随机样本成本高昂且耗时。以人口普查为例，即使是稍大规模的国家，也无法每年进行一次人口普查，因为随机调查非常耗时耗力。但是，有了云计算和数据库，获取足够大的样本数据，甚至是全体数据，变得非常容易。例如，谷歌能够提供“谷歌流感趋势”数据，是因为它几乎覆盖了70%以上的北美搜索市场。这种数据分析已经不再需要对这些数据进行抽样调查，而是形成了数据仓库，所有的记录都储存在那里，等待人们的挖掘和分析。第二个特征实际上是基于第一点的基础上建立起来的。过去使用抽样方法需要在具体计算上非常精确，因为“差之毫厘，谬之千里”。想象一下，从一个总样本为1亿的人口中随机抽取1 000人，如果这1 000人的数据运算出现错误，那么放大到1亿人口时将产生多大的偏差。然而，在全样本的情况下，无论偏差有多大，它都只是偏差，并不会被放大。正如谷歌的人工智能专家诺维格在他的论文中所写，基于大数据的简单算法比基于小数据的复杂算法更为有效。数据分析的目的并非仅仅是数据分析，而是有其他用途，故而时效性也非常重要。精确的计算是以时间消耗为代价的，但在小数据时代，追求精确是为了避免放大的偏差而不得已为之。但在“样本＝总体”的大数据时代，“快速获得一个大概的轮廓和发展脉络，就要比严格的精确数据要重要得多”。

第三个特征非常有趣。相关性表明变量A和变量B之间存在一定的正比或反比关系，即A变量的变化与B变量的变化有关。然而，相关性并不一定表示因果关系（A不一定是B的原因）。亚马逊的推荐算法非常著名，它能够根据消费记录告诉用户可能喜欢什么，这些消费记录可能来自其他用户，也可能是该用户过去的购买历史。然而，它无法解释为什么用户会喜欢某个推荐。难道只因为大家都喜欢购买A和B，就意味着你购买了A之后一定会购买B吗？未必如此，但我们必须承认，相关性很高，或者说概率很大。舍恩伯格认为，大数据时代只需要知道“是什么”，而不需要知道“为什么”，就像亚马逊的推荐算法一样，我们知道喜欢A的人很可能也喜欢B，但却不知道其中的原因。

（二）大数据在生活中的应用

1. 大数据的应用方向

（1）理解客户、满足客户需求

大数据的应用在此领域是最广为人知的。重点是如何应用大数据更好地了解客户以及他们的喜好和行为。企业极度喜欢搜集社交方面的数据、浏览器的日志、文本和传感器的数据，以便更加全面地了解客户。在通常情况下，创建出数据模型进行预测。

（2）优化业务流程

大数据可用于优化业务流程。通过挖掘社交媒体数据、网络搜索数据和气象数据，人们可以获得有价值的信息，并利用大数据来优化供应链和物流配送路线。在这两个方面，可以利用地理定位和无线电频率识别来追踪货物和送货车，并根据实时交通路线数据制定更优化的路线。人力资源部门也可以通过对大数据的分析来改进其业务，其中包括优化人才招聘过程。

（3）改善人们的生活

大数据不仅适用于企业和政府，同样适用于我们每个人的生活。例如，我们可以利用可穿戴设备（如智能手表或智能手环）生成热量消耗数据，从而追踪我们的身体运动状态。我们还可以利用大数据分析来寻找适合我们的爱情伴侣，许多交友网站就是利用大数据应用工具来帮助人们找到合适的对象。

（4）提高医疗和研发水平

未来，大数据分析的计算能力可以让我们在几分钟内解读整个 DNA 序列，从而制定最新的治疗方案。同时，它可以帮助我们更好地理解和预测疾病，就像人们佩戴智能手表一样能够产生数据，大数据同样可以帮助患者实时监控他们的病情。

2. 典型的大数据应用实例

（1）从谷歌流感趋势看大数据的应用价值

谷歌拥有一个名为“谷歌流感趋势”的工具，通过跟踪人们输入的搜索词汇相关数据来判断全美地区的流感情况（例如，患者会搜索“流感”这个词）。最近，该工具发出了警告，称全美的流感状况已经达到“紧张”级别。这对于健康服务产业和流行病专家非常有用，因为它具有极强的时效性，能够有效帮助跟踪和处理疾病的爆发。实际上，通过跟踪大量搜索词汇得出的趋势报告具有很强的说服力。仅以波士顿地区为例，已确认有 700 例流感病例，该地区已宣布进入公共健康紧急状态。

这个工具工作的原理大致如下：设计人员将一些关键词（如温度计、流感症状、肌肉疼痛、胸闷等）置入系统。只要用户输入这些关键词，系统就会展开跟踪分析，创建地区流感图表和流感地图。谷歌多次将测试结果与美国疾病控制和预防中心的报告进行比对，两者的结论存在很大的相关性。但它在“时效性”方面比线下收集的报告更强，因为一旦患者自觉出现流感症状，他通常会首先通过网络搜索相关信息，而不是立即就医。就医既麻烦又昂贵，如果能够通过搜索找到一些自我救助的方案，人们就会第一时间使用搜索引擎。

（2）大数据在医疗行业的应用

IBM 最新的医疗技术利用大数据分析预测医疗保健内容。该技术使企业能够找到大量与病人相关的临床医疗信息，并通过大数据处理更好地分析病人的信息。在加拿大多伦多的一家医院中，针对早产婴儿，每秒钟有超过 3 000 次的数据读取。通过对这些数据的分析，医院能够提前发现早产儿的问题并采取有针对性的措施，避免早产婴儿夭折。大数据使更多创业者能够更方便地开发产品，例如通过社交网络收集数据的健康类应用软件。也许在未来的几年里，这些收集到的数据能够让医生对你的诊断更加准确。例如，人们无需按照通常的成人每日三次、一次一片的方式服药，而是通过应用软件检测到你的血液中药物已经代谢完成时，提醒你再次服药。

（3）大数据在通信行业的应用

通过大数据分析，中国移动能够对企业运营的全业务进行有针对性的监控、预警和跟踪。大数据系统可以在第一时间自动捕捉市场变化，并以最快捷的方式推送给指定负责人，使其在最短时间内了解市场行情。例如，大数据分析可以预警客户流失。假设有一个客户使用最新款的诺基亚手机，每月准时缴费，平均每年联系客服 3 次，并使用 WEP 和彩信业务。按照传统的数据分析，可能会得出这位客户满意度非常高、流失概率非常低的结论。然而，当收集到包括微博、社交网络等新型数据来源的客户数据之后，我们才能了解这位客户的真实情况：他在国外购买的手机，其中的部分功能在国内无法使用，在某个特定地点手机经常断线，彩信无法使用，他的使用体验非常差，面临着流失风险。这就是中国移动运用大数据分析的一个应用场景。通过全面获取业务信息，我们可以打破常规的分析思路，超越传统数据源的限制，注重社交媒体等新型数据来源，通过多种渠道获取尽可能多的客户反馈信息，并从这些数据中挖掘更多的价值。

（4）大数据在金融业的应用

尽管阿里巴巴公司推出的“余额宝”在市场上占据了很大份额，但其实阿里巴巴的另一款应用软件“阿里小贷”才真正展现了大数据的价值。早在2010年，阿里巴巴就建立了”阿里小贷”，即“淘宝小贷”。通过对贷款客户的下游订单、上游供应商以及经营信用等方面的全方位评估，阿里巴巴可以在无需面对面接触客户的情况下为其提供贷款，这正是基于对阿里巴巴数据平台上大数据的挖掘。数据的来源是“聚石塔”——一个大型的数据共享平台，它通过共享阿里巴巴旗下各个子公司的数据资源来创造商业价值。“阿里小贷”是大数据团队将淘宝交易流程中的各个环节数据整合互联，然后根据商业理解对信息进行分类存储、分析加工，并与决策行为相连接所产生的结果。

二、数据应用的三个层次

当前世界的信息化发展迅猛。以中国为例，中国互联网信息中心的研究显示：截至2020年12月，中国网民规模达到9.89亿，互联网普及率达到70.4%；手机网民规模达到9.86亿。中国政府微信公众号、网站、微博、手机应用等在线政务服务的用户规模达到8.43亿，占总网民的85.3%。

目前，提高移民管理部门服务水平最有效的途径就是将移民管理工作信息化。可以通过线上办理申请内容，让申请人能够在家通过网络自主办理。对于需要当面核实信息的申请，可以在移民管理部门的大厅设置一体化的自助终端设备，以最大程度减少出入境人员的排队等待时间。移民管理工作的信息化还能够加强对移民管理工作的管控职能。例如，可以通过网络提前获取出入境人员的个人信息，并在出入境人员正式通关之前根据这些个人信息进行风险评估，以便移民管理工作人员提前发现是否有不适合出入境的非法人员。对于外国人进入中国后，移民管理工作人员可以将外国人的管理纳入信息化管理系统中，通过整合数据库资源，实时掌握外国人的行踪。

当移民管理工作充分信息化后，必然会产生大量的出入境数据。那么如何利用这些数据呢？可以从三个层次应用这些数据。

第一层次的应用是简单的统计查询，例如查询2020年有多少外国旅客来访、来过中国几次等。移民管理工作人员可以通过在数据库中执行一个 SQL 语句来获取他们想要的结果。但这种结果非常简单直接，只是对已经发生且存在的客观事实的呈现。

第二层次的应用是使用计算机自动化评估和预测。对于出入境数据的评估和预测涉及多个学科领域，如人工智能、机器学习、模式识别、数据库、统计学和可视化技术等。计算机自动化评估和预测可以自动分析数据，并从中获得潜在的隐含信息，从而帮助决策者做出合理和正确的决策。关于使用计算机评估和预测的应用，有一个非常著名的案例是“啤酒与尿布”。在沃尔玛的一家超市中，人们偶然发现尿布和啤酒这两种在直觉上毫无关联的商品居然经常一起被购买。于是超市工作人员将这两种商品摆放在一起，这个奇怪的举措居然进一步增加了尿布和啤酒的销量。这不是一个笑话，而是真实发生在沃尔玛连锁超市的案例，一直以来被商家津津乐道。通过调查分析，发现美国的妇女通常需要在家照顾孩子，所以她们经常会让丈夫去超市为孩子购买尿布，而丈夫在购买尿布的同时又会顺便购买自己喜欢的啤酒。这个发现为商家带来了大量的利润。但是，如何从海量而杂乱的数据中发现啤酒和尿布销售之间的联系呢？没错，就是交由计算机处理。面对成千上万条的数据记录，人脑显然无法胜任。同样的道理也可以应用于移民管理工作中，利用数据挖掘发现一些有用的线索。

第三层次的应用是目前非常热门的大数据。可以这样理解大数据：它是一种规模巨大，远远超出传统数据库应用软件工作能力范围的数据集合，具有海量的数据规模、快速的数据流转、多样的数据类型和低价值密度等四大特征。在移民管理工作中，计算机所处理的数据范围仅限于移民管理部门所掌握的出入境相关数据。而在大数据层面，移民管理工作人员需要处理的数据范围涵盖各行各业，只要与移民管理工作相关的数据，他们就会进行挖掘和分析。因此，数据量将以指数级别增长。大数据的应用需要新技术的支持，包括分布式文件系统、分布式数据库、云计算平台和可扩展存储系统等等。在理想化的设想中，使用大数据技术可以做到无所不能。例如，通过对大数据的分析，零售商可以实时了解市场动态并迅速做出应对；可以为商家制定更加精准有效的营销策略并提供决策支持；可以帮助企业为消费者提供更及时和个性化的服务；在医疗领域，可以提高诊断准确性和药物有效性；在公共事业领域，可以为百姓服务和维护社会稳定；等等。然而，目前与大数据相关的挖掘算法、分布式操作系统、分布式数据库、云计算等技术仍然不够成熟，而且移民管理部门对大数据的使用仍处于起步阶段。更多时候，只是进行统计查询，在智能化评估预测方面的应用还远远不够。

但无论如何，大数据确实是一项具有光明前景的技术，对人类社会的发展进步将起到巨大的推动作用。移民管理部门应该密切关注大数据技术的发展情况，并在时机成熟时将其引入到移民管理工作中。

三、“大数据”应用存在的问题

（一）缺乏制度规范

在法律层面上，2013 年 7 月 1 日实施的《中华人民共和国出境入境管理法》（以下简称新出入境管理法）规定，国家应建立统一的出境入境管理信息平台，并根据国务院的规定，公安部、外交部可以制定关于留存出入境人员指纹等人体生物识别信息的规定。这意味着边检机关有权合法收集数据信息，并为移民管理机关合法运用大数据奠定了法律基础。2016 年 1 月 1 日实施的《中华人民共和国反恐怖主义法》规定，包括公安机关在内的相关部门应对相关情报信息进行筛查、研判、核查、监控，如果认为存在恐怖主义事件的危险，并需要采取相应的安全防范和应对处置措施，应及时通报相关部门和单位。反恐怖主义法的实施为移民管理机关基于大数据平台对往来中国的移民和出入境人员的情报信息进行研判提供了法律保障。尽管在法律层面上，移民管理机关对移民和出入境人员的个人信息使用权进行了基本保障，但缺乏具体的实施细则，还需要进一步明确和细化。

目前，各级移民管理机关已初步尝试应用大数据进行工作，并取得了一定效果，但由于缺乏统一的管理制度，存在各种问题。因此，我们迫切需要建立适应当前社会发展形势的移民信息管理制度规范，以指导移民管理机关的信息化建设有序发展，取得更大的成绩。

（二）统一大数据信息平台欠缺，大数据应用系统多头建设

涉及“移民”部门积极建设管理系统，但信息缺乏共享。

面对全球化和信息化的今天，涉及“移民”部门（以移民管理局为代表）的工作压力越来越大，维护出入境秩序和查处违法违规案件的任务变得日益繁重。为了应对不断复杂的移民管理形式，公安、外交、教育、人力资源社会保障、文化、外国专家等部门分别建设了处理和存储各类出境入境证件、外国人签证证件、出境入境记录以及外国人来华工作、学习等信息的管理系统，并在出境入境证件签证、记录等信息共享方面取得了阶段性成果。

然而，目前各相关部门主要根据本部门的工作职责推动信息化建设，由于基础条件和进度不协调，导致部门间的信息共享程度不高，仍然存在着信息不对称、不衔接的问题。国家亟须推进统一的出境入境管理信息平台建设，以提升整体的出境入境管理和服务效能。

（三）移民局内部积极应用大数据，但缺乏统一规划

各级移民管理部门积极尝试应用大数据，在原公安部出入境管理局、边防管理局以及各一线工作单位都依托现有的数据库平台建设或引进了适用于自身的多个大数据应用系统，如“外国人管理系统”“全国公安信息查询系统”“公安云搜索”“公安边检勤务综合管理平台”“江苏公安查询平台”“海港信息综合查询系统”等等。

各级移民管理部门在大数据的应用方面可以说是“百花齐放”，并且取得了一定的成绩。然而，在当前的移民及出入境管理工作中，大数据的应用仍然存在很多问题，具体表现如下。

第一个问题是存在多个系统建设使用不便的问题。不论是一线的大数据应用系统还是后台的大数据应用系统，虽然已朝着整合和一体化的方向发展，但仍然存在着存储信息系统众多、直接应用系统较少、功能模块设置复杂、需要反复采集和多头查询的问题，工作流程十分烦琐。即使在单一信息管理系统中，即使在单一信息管理系统中，也无法实现“一次输入全面关联”的应用效果。这种多系统并存的情况给工作带来了不便。

第二个问题是系统使用权限受限。目前移民管理部门使用的许多大数据信息系统都是由外部部门开发和控制的，移民管理部门在使用上受到限制。许多有用的功能并未对移民管理部门开放，例如云搜的关联人核查功能，但由于权限限制，移民管理部门无法使用该功能。不同一线移民管理部门对属地其他政府部门控制的信息系统的使用权限存在一定的随机性，甚至无法获得使用权限。权限受限不仅表现在移民管理部门与其他政府部门之间，即使在移民管理部门内部的各个部门之间也存在着信息壁垒，数据共享不充分，无法相互访问和使用。

第三个问题是智能化水平不够。根据笔者观察，目前移民管理部门工作人员对于大数据的使用是“懂思想但缺手段”。每个移民管理部门工作人员都知道移民管理工作需要信息化，要充分利用当下热门的大数据思想进行数据分析，但实际应用手段主要依赖于人工思维。电脑只是简单地提取和展示工作人员需要的数据。在这种情况下，如果工作人员经验丰富、头脑清晰，可能能够从展示的数据中发现可疑情况，并利用自身的逻辑思维能力进行推理分析以获取本应由电脑展示的信息数据。不可否认，这种依赖人工逻辑思维能力进行出入境人员身份核查和鉴别的工作模式确实会取得成效，但人脑对于大量复杂数据的处理能力是有限的。这种模式并不是最优的或唯一的方式。更好的选择是利用数据挖掘技术，将出入境人员身份核查和鉴别的工作交由计算机处理。计算机可以利用数据挖掘算法根据出入境人员的信息要素自动分析判断其合法性。在这种模式下，大数据平台提供出入境人员的全部信息要素，由电脑代替人脑进行判断和甄别。

四、大数据信息化应用路径

（一）树立信心，勇于担当

我们的国家经历了艰苦奋斗的历程，几代人不断自强不息，如今我们终于看到了超越西方国家的曙光。我们建立了领先世界的量子卫星通信系统和北斗导航系统，我们将移动支付推广到全世界。我们应该树立信心，相信中国必将成为世界上最发达的国家，而中国的移民管理工作也将成为世界上最出色的，成为其他国家效仿的榜样。

尽管我国的移民管理职能相对分散，在中央层面，公安部、外交部、教育部、文化部、国家外国专家局等多个部门根据法律承担与出境入境管理相关的职责，需要进行大量的沟通和协调，但是移民管理局应该勇于担当，毫不犹豫地统筹管理散落在各个国家部门中的移民管理职能。我们应该建设基于大数据应用的信息化项目，采用先进的工作理念，通过便利的大数据应用系统来管理我国的移民管理工作，并为其他政府部门提供服务和支持。

（二）整合资源建设全国性的大数据平台，研发功能强大的信息系统

加快推进国家统一的移民及出入境管理信息平台建设。整合公安、外交、外国专家、铁路、民航、海事、旅游等部门的信息数据，实现各类出境入境基础数据的综合化和实战化应用，为公安、外交、教育、人力资源社会保障、文化、外国专家等部门提供出入境数据平台服务。

研发统一规范、功能强大的移民及出入境管理信息系统。新系统应整合公安部内部现有的相关业务系统功能，去除重复功能，保留和增强经典功能，并添加计算机自动数据挖掘功能，实现一键式的出入境人员信息查询功能，进一步提升证件签发、人员通关、在华外国人管理等工作的信息化应用水平。

（三）在工作流程中融入“大数据思维”

在国家统一的移民及出入境管理信息平台和统一规范、功能强大的移民及出入境管理信息系统建设完成之后，移民管理局的各项业务工作以及其他部委涉及“移民”的工作都应该依赖于移民及出入境管理信息平台和移民及出入境管理信息系统来进行。例如，证件签发工作、出入境通关工作、在华外国人管理等环节，应该充分利用整合了各单位部门信息数据的移民及出入境管理信息平台，通过信息化手段来完成。

第五章　基于云计算的新边检查验信息系统设计

经过十多年的快速发展，计算机领域涌现了人工智能、大数据、区块链等新技术，这些计算机技术在各行各业的发展中发挥了巨大的推动作用。作为守护国门的重要任务，出入境边防检查应充分利用前沿科技来释放生产力。然而，目前的边检查验信息系统开发于 2001 年，系统架构与前沿技术的契合度较低，融入新技术的难度和成本较高，已无法满足边检机关对系统智能化的需求，因此需要开发基于新技术架构的新边检查验信息系统。

第一节　分析现有系统基于云计算的特点

一、云计算在新系统建设中的应用价值

（一）云计算为新系统后台大数据分析奠定技术基础

云计算技术能够降低计算成本。通过云计算技术，配置较低的信息技术设备可以获得较高的计算能力，完成情报整理、数据挖掘、辅助决策、评估评价等大数据处理任务。目前配备的计算设备远不能满足处理大数据的需求，而大型计算设备成本昂贵，不适合大规模装备。云计算可以将多个性能较低的计算设备虚拟化为一个强大的计算资源池，以较低的成本获得强大的计算能力，满足处理大数据任务的需求。

云计算技术可以整合计算资源。云计算技术能够以有限的资源支持更多的计算任务，形成整体信息处理的优势。目前的设备通常以单机运行，处理常规计算时仅利用其性能的 20%，造成了资源的浪费，同时也不利于获得整体的信息优势。云计算可以统一管理现有的单个或多个物理设备，形成一个资源池，并根据

用户的需求自动划分出多个虚拟设备供多个计算任务同时使用，有效提高设备的利用效率。云计算通过两种方式提高资源利用率，优化计算资源。

云计算技术能够根据进程动态优化计算资源，使各个阶段都能够获得最大的信息优势。目前，计算任务与资源是绑定在一起部署的，无法适应计算任务中心随任务重心转移的变化需求。而不同阶段的重点会随着进程的变化而变化，计算的中心也会相应改变。云计算可以集中调配优势计算资源，保障重点计算任务，满足重心转移的需求，为各个阶段获取信息优势提供支持。

（二）云计算提高各类资源利用率的能力

首先，云计算创新了部署模式。通常情况下，计算资源与使用单位绑定在一起，导致计算资源难以实现动态支持，无法通过共享计算资源获取信息优势。而云计算可以让任务在拥有私有云的同时，通过授权使用共有云的计算资源，从而获得地域和相关信息的特色计算资源，还可以利用友邻私有云的协同计算资源，以整个体系的信息资源完成联合任务，而无需增加信息装备和保障人员。其次，云计算提供了灵活的组织应用。目前，不同任务需要部署不同的信息装备和软件系统，信息系统的建设和使用成本高，效益低。而应用云计算，一方面可以将同一套计算装备虚拟为多个计算主机，作为公用的基础设施提供给不同任务使用；另一方面，可以在不增加信息装备的情况下，以平台和软件即服务的方式部署不同的任务软件系统，实现不同计算任务之间的灵活转换，提高运行多样化任务的能力。

（三）云计算提升系统运行维护保障能力

目前的边检查验信息系统采用分散运维和单独备份保障的模式，每个检查站在全国范围内都设立了自己的系统机房，购买大量硬件设备，并成立技术部门负责日常维护管理工作。

然而，目前的信息装备分散运维和单独备份保障方式存在大量设备资源的冗余问题，当单个单位的系统崩溃时，无法获得其他正常运行系统的支援，缺乏全网恢复能力，保障水平较低。应用云计算可以实现对软硬件的集约化管理和运行维护，通过虚拟化技术，在相同的容错级别下，以低成本和持续不间断的方式提供精确的保障，提高信息系统的保障能力。云计算中心可以通过远程集中维护和在线故障诊断、排除，提供高于本地值守质量的技术支援，提升信息系统的可靠性。此外，云计算中心还可以通过统一的安全防护和容灾备份措施，在某个单位的系统出现严重故障时，其他单位的后台服务器可以提供支援，实现信息系统的快速恢复运行。

为了信息系统的运行维护，目前不得不占用有限的编制员额来增加技术保障力量。同时，为了操作和维护复杂的技术装备，不得不投入大量人力和物力对人员进行培训。然而，应用云计算可以实现装备管理的集约化、系统运维后台化以及操作使用的简化，从而减少技术人员的比重。这样一来，可以实现由“技术主导、业务适应”向“业务主导、技术服务”的转变，促进整体建设水平的提高。

（四）云计算为推进信息化建设提供有效途径

一方面，通过云计算的统一整合，可以实现硬件资源的集中存放、软件资源的集中部署、数据资源的集中存储、信息系统的集中运维以及人员的集约管理工作。这扭转了目前信息资源管理条块分割、烟囱林立的局面，为统一规划计划、法规制度和资源调度创造了有利的行政统管条件。另一方面，通过云平台的统一引擎调度，可以实现技术架构、软硬件接口和资源池化机制的统一。这扭转了软硬件不一致和信息资源难以共享的局面，为实现统一技术标准和信息共享创造了技术统管条件。

二、现有系统的明显不足

（一）部署模式造成的高维护成本

目前的边检查验信息系统采用部局级、总站级和边防检查站级三级业务系统的部署模式。站级系统负责对本站的出入境边防检查、勤务事件和案件处理等数据进行采集；总站级系统负责对管辖下的出入境边防检查站的出入境边防检查、勤务事件和案件处理等数据进行汇总和分析，起到监督出入境边防检查站工作的作用；部级系统负责管理各类勤务的数据，并向省级、站级系统提供综合数据查询等保障。系统依赖服务器的稳定运行，服务器的稳定性关乎出入境边防检查工作的顺利进行。因此，维护人员对出入境边防检查系统相关技术的掌握程度变得尤为重要。每一级边检机关都需要设立专门的技术科室，对系统进行维护管理。然而，目前的系统部署模式使得系统无法完成集中统一的维护。虽然在设计之初这种运维方式可能有其可取之处，但随着计算机技术的不断发展进步，这种高劳动密集度、低自动化水平的运维方式已明显落后于行业的发展水平，并增加了后台维护的成本和事故发生的概率。随着出入境旅客和交通工具数量的逐年增加，出入境边防检查工作面临更加严峻的挑战。边检机关应当将工作重点放在出入境边防检查及相关勤务工作时，现有的边检机关后台维护管理工作分散了大量精力，使得边检机关无法将更多资源集中到主要业务中去。

（二）现有系统的可用性需要进一步提升

随着我国对外交往的日益频繁和边检业务量的不断增长，边检机关在执勤执法中面临更多的突发事件，因此边检查验信息系统在关键时刻的可用性变得更加重要。通常情况下，访问量突然激增和服务器性能不足是导致服务器宕机的重要原因。现有的边检查验信息系统采用的架构决定了服务器在面临突发事件时无法进行临时的性能拓展。一旦用户的访问需求超过当前服务器硬件资源的承载能力，就容易引发服务器宕机事故。因此，传统的数据中心抵抗风险的能力已经无法满足边检机关对系统高可用性的追求。因此，我们需要应用新的技术，进一步提高边检查验信息系统的可用性。

第二节　云计算在新系统建设中的应用构析

一、新系统可采用的云计算服务交付模型

云计算服务的交付模型是由云供应商提供的具体、预先打包好的 IT 资源组

合。最常见的交付模型分为三层，自上而下分别为软件即服务（Software as a Service，简称 SaaS）、平台即服务（Platform as a Service，简称 PaaS）和基础架构即服务（Infrastructure as a Service，简称 IaaS）。如图 5-1 所示。

第一层是软件即服务（SaaS），其主要通过基于 Web 的方式向客户提供应用程序。

第二层是平台即服务（PaaS），将应用程序的开发和部署平台作为服务提供给用户。

第三层是基础架构即服务（IaaS），将底层的计算资源（如虚拟机）和存储等作为服务提供给用户。

从用户的角度来看，这三层服务是独立的，因为它们提供的服务完全不同，并且面向的用户也不相同。但从技术的角度来看，这三层之间存在一定的依赖关系。例如，SaaS 层的产品和服务不仅需要使用 SaaS 层本身的技术，还可能依赖于 PaaS 层提供的开发和部署平台，或者直接部署在 IaaS 层提供的计算资源上。同样，PaaS 层的产品和服务也有可能构建在 IaaS 层服务之上。

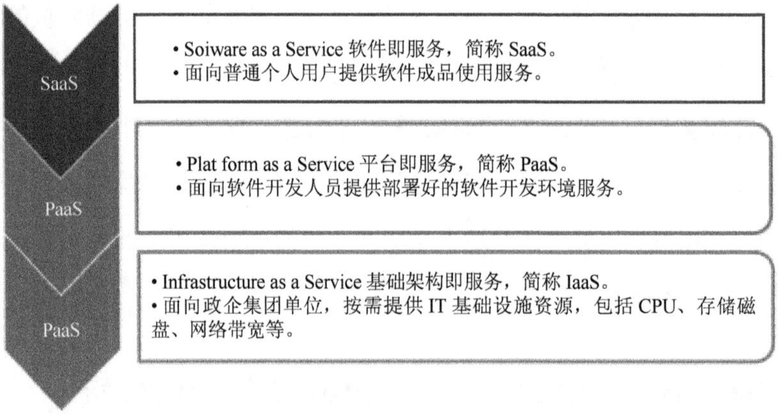

图 5-1 云计算交付模型分层示意图

那么新系统应该采用哪种交付模型呢？接下来我们来详细介绍云计算服务的三种交付模型。

（一）软件即服务（SaaS）

软件即服务（Software as a Service，简称 SaaS）是通过网络提供商用软件的访问方式。实际上，许多人可能已经使用过 SaaS，即使当时并不知道。SaaS 有许多应用示例，如 Netflix、Photoshop.com、Acrobat.com、Gmail、Google Docs、Office Web Apps、百度网盘、WebQQ 等。SaaS 为用户提供了降低软件使用成本的方法，即按需使用软件而不是为每台计算机购买许可证。特别是考虑到大多数计算机在大约 70% 的时间处于空闲状态，SaaS 可能非常有效。用户不需要为每个用户购买多个许可证，而是尽可能地利用许可证的使用时间，从而节省成本。

1.SaaS 的优势

SaaS 为用户提供了新的机会，尤其是通过三个因素来提高投资回报（ROI）：加快部署速度、增加用户接受度和减少支持需求。

（1）加快部署速度

传统的桌面应用程序部署需要大量工作量。实际上，桌面应用程序的开发人员将更新应用程序称为“部署噩梦”，因为要让数千甚至数万台客户机同时运行特定版本的软件会带来高度的后勤复杂性。这种复杂性如此之高，以至于大多数决策者认为这是不可行的。那些受到这个问题困扰的决策者应该考虑部署 SaaS 版本的软件。SaaS 版本的软件部署在 IT 部门的云数据中心，个人用户的计算机不需要安装相应的软件，因此 IT 部门可以完全控制版本，可以方便地多次部署更新。

实际上，在云计算还没有普及的时代，我们已经接触过一些 SaaS 应用。通过浏览器，我们可以使用 Google、百度等搜索引擎系统，可以使用电子邮件服务，而无需在本地计算机上安装搜索引擎或电子邮件系统。在云计算广泛应用的时代，我们可以以典型的例子来看，在计算机上使用的 Word、Excel、PowerPoint 等办公软件，需要在本地安装才能使用；而在 Google Docs（支持 DOC、XLS、ODT、ODS、RTF、CSV 和 PPT 等格式）和 Microsoft Office Online

（Word Online、Excel Online、PowerPoint Online 和 OneNote Online）等网站上，我们无需在本地安装软件，只需打开浏览器，注册账号，就可以随时随地通过网络来使用这些软件进行编辑、保存和阅读文档。对于用户来说，他们可以自由自在地使用这些软件，无需进行软件升级和维护等操作。

（2）提高用户接受度

过去，一些商业软件的许可证费用过高，而现在的 SaaS 使一般消费者能够以合理的价格使用它们。一个好的例子是 Adobe 以 SaaS 形式提供 Adobe Photoshop。当用户需要进行简单的照片编辑任务时，他们可以使用 Photoshop.com 进行基本的照片编辑，而无需启动完整功能的版本，从而避免为不需要的功能支付费用。低廉的价格和便捷的使用方式使那些过去不使用 Photoshop 的人也开始使用 Photoshop.com，这为 Adobe 提供了吸引新的长期客户的机会，扩大了潜在客户群。

（3）减少对支持的需求

大型客户服务中心的成本非常高，而且支持多种平台会导致支持问题增加，但是 SaaS 可以很大程度上缓解这些问题。首先，部署的简便性使开发人员能够在发现 bug 后快速进行修复，这意味着大多数 bug 可以在大量用户遇到之前被修复，从而减少了 IT 部门接到的电话数量，提高了客户的满意度，降低了客户流失的可能性。

此外，传统的桌面软件应用程序通常需要支持多种平台，例如，程序可能必须同时支持 Windows 7 和 Apple macOS X 10.6 操作系统。为第二个操作系统添加支持几乎会使开发成本翻倍，而且如果要支持这些操作系统的多个不同版本，问题会更加复杂。支持多个操作系统版本还会带来限制。例如，如果要构建一个在 Windows 7 上运行的程序，但必须与 Windows XP 兼容，就必须非常小心，确保功能在这两个版本上都能够正常运行；否则，必须将项目分为两个支线，为每个版本开发独立的代码，这不可避免地降低了生产力和效率，延长了项目完成的预计时间。另外，支持不同操作系统及其不同版本还会增加开发预算。

2.SaaS 使用的技术

由于 SaaS 层与普通用户非常接近，所以在 SaaS 层使用的技术大多数人已经非常熟悉。下面是其中最主要的五种技术。

（1）HTML

作为标准的 Web 页面技术，目前主要采用 HTML5。HTML5 在许多方面推动了 Web 页面的发展，例如在视频处理和本地存储等方面。

（2）JavaScript

一种用于 Web 页面的动态语言，通过 JavaScript，能够极大地丰富 Web 页面的功能。最流行的 JS 框架有 jQuery 和 Prototype。

（3）CSS

主要用于控制 Web 页面的外观，同时能够优雅地将页面的内容与表现形式分离。

（4）Flash

作为业界最常用的 RIA（Rich　Internet　Applications）技术，能够提供基于 Web 的应用程序，这是 HTML 等其他技术无法提供的。而且在用户体验方面，Flash 非常出色。

（5）Silverlight

来自微软的 RIA 技术，虽然其市场占有率稍逊于 Flash，但由于可以使用 C# 进行编程，因此对开发者非常友好。

在 SaaS 层的技术选型中，首先由于其通用性和较低的学习成本，大多数云计算产品更倾向于采用 HTML、JavaScript 和 CSS 这组黄金组合。然而，在 HTML5 被广泛接受之前，RIA 技术在用户体验方面仍具有一定优势，因此 Flash 和 Silverlight 仍然有其应用场景。例如，VMware　vCloud 采用基于 Flash 的 Flex 技术，而微软的云计算产品在未来肯定会大量使用 Silverlight 技术。

（二）平台即服务 PaaS

平台即服务（Platform as a Service，PaaS）提供对操作系统和相关服务的访问。它使用户能够使用提供商支持的编程语言和工具将应用程序部署到云端。用户无需管理或控制底层基础架构，而是控制应用程序的部署，并在一定程度上控制应用程序运行的环境配置。PaaS 的提供者包括 Google AppEngine、Microsoft Azure、阿里云等。中小型软件公司非常适合使用 PaaS，通过使用云平台，可以创建世界级的产品，而无需承担内部生产的开销。

通过 PaaS 这种模式，用户可以在提供了软件开发工具包（SDK）、文档、测试环境和部署环境等的开发平台上方便地编写和部署应用程序。而且，在部署和运行时，用户无需担心服务器、操作系统、网络和存储等资源的维护工作，这些烦琐的任务都由 PaaS 云供应商负责。此外，PaaS 在资源整合方面非常高效，例如，一台阿里云服务器可以支持成千上万的应用程序，也就是说，PaaS 非常经济高效。PaaS 主要面向开发人员。

可以将 PaaS 平台看作是为了帮助开发人员快速、便捷地进行软件开发而预先安装和备份好的软件开发工具集合。这个集合通常包括数据库、运行时环境、开发语言、编程技术框架和其他必需的中间件等。

1.PaaS 的优势

在传统的软件开发过程中，如果不使用 PaaS，IT 管理员需要专门为项目开发团队配置开发环境，通常需要完成部署服务器的工作。具体步骤包括：

①安装操作系统、运行时环境、源代码控制存储库和其他必需的中间件。

②配置操作系统、运行时环境、存储库和其他中间件。

③转移或复制现有的代码。

④测试并运行代码，以确保一切正常。

在许多情况下，IT 管理员本身就是其他项目的开发人员，已经非常忙碌，因此让他们抽出时间来部署新环境会很困难。

然而，在使用 PaaS 平台的情况下，IT 部门会有一个虚拟机（VM，虚拟机），其中包含完整的软件开发部署环境，可以随时将其复制到 USB 闪存驱动器中进行使用。这无疑非常方便。总体而言，与现有的基于本地的开发部署环境相比，PaaS 平台具有以下六个优势。

（1）友好的开发环境

通过提供 SDK 和 IDE（集成开发环境）等工具，让用户能够在本地方便地进行应用程序的开发和测试，并进行远程部署。

（2）丰富的服务

PaaS 平台以 API 的形式向上层应用程序提供各种各样的服务。

（3）精细的管理和监控

PaaS 能够提供应用层面的管理和监控功能。例如，它能够观察应用程序的运行情况和具体数值（如吞吐量和响应时间），以更好地衡量应用程序的运行状态。此外，它还能够通过准确计量应用程序消耗的资源来实现更精确的计费。

（4）强大的伸缩性

PaaS 平台能够自动调整资源，帮助运行在其上的应用程序更好地应对突发流量。

（5）多租户（Multi-Tenant）机制

许多 PaaS 平台都具备多租户机制，不仅可以更经济地支持大规模用户，还能提供一定程度的定制性，以满足不同用户的特殊需求。

（6）整合率和经济性

PaaS 平台具有很高的整合率，能够在一台服务器上承载成千上万个应用程序。

2.PaaS 使用的技术

PaaS 层使用了多种技术，以下是常见的 5 种。

（1）REST

通过 REST（Representational State Transfer，表述性状态转移）技术，可以方便且优雅地将中间件层支持的部分服务提供给调用者。

（2）多租户

多租户是指让单个应用实例为多个组织提供服务，并保持良好的隔离性和安全性。通过这种技术，可以有效降低应用程序的购置和维护成本。

（3）并行处理

为了处理海量数据，需要利用庞大的x86集群进行大规模的并行处理，Google的MapReduce是这方面的代表作品。

（4）应用服务器

在现有的应用服务器基础上，针对云计算进行了一定程度的优化，例如Google AppEngine使用的Jetty应用服务器。

（5）分布式缓存

通过分布式缓存技术，不仅能有效降低后台服务器的压力，还能加快响应速度。最著名的分布式缓存例子莫过于Memcached。

对于许多PaaS平台而言，应用服务器和分布式缓存都是必备的。同时，REST技术也常用于对外的接口，而多租户技术则主要用于SaaS应用的后台，比如用于支持Salesforce的CRM等应用的Force.com多租户内核。而并行处理技术常被作为单独的服务推出，比如Amazon的Elastic MapReduce。

（三）基础架构即服务IaaS

基础架构，或称基础设施（Infrastructure），是云的基础。它由服务器、网络设备、存储磁盘等物理资产组成。在使用IaaS时，用户并不直接控制底层基础架构，而是控制操作系统、存储和应用程序的部署，并在一定程度上选择网络组件。

通过IaaS这种模式，用户可以从供应商那里获取所需的计算或存储等资源来部署相关的应用，并只需为租用的那部分资源付费，而这些烦琐的基础设施管理工作则由IaaS供应商负责。

1.IaaS的优势

与传统的数据中心相比，IaaS服务在许多方面都具有优势，以下是最明显的5个。

（1）免维护

主要的维护工作都由 IaaS 云供应商负责，因此用户无需操心。

（2）高度经济

首先，IaaS 免去了用户在前期的硬件购置成本。此外，由于 IaaS 云采用虚拟化技术，物理硬件资源高度整合，用户可以根据应用需求申请计算资源，从而有效降低使用成本。对于用户来说，IaaS 的巨大价值通过云爆发（cloud bursting）的概念得以实现。这里的“爆发”指的是当用户面临突然激增的业务量，短时间内需要大量的计算资源，类似于天气情况中的短时暴雨。在传统数据中心的情况下，为了应对一年中只有几天时间需要大量计算资源的情况，用户不得不购买大量硬件资源，尽管这些资源在大部分时间内都处于闲置状态。而采用云计算 IaaS 服务后，当用户面临业务短时间爆发的情况时，可以按需向云服务商临时购买相应的硬件资源使用权，使用完毕后将资源释放给云服务商。用户无需额外投资购买利用率很低的服务器等硬件设备，就像使用自来水一样，用户根据使用量付费，而不必购买整个水库。

（3）开放标准

尽管许多 IaaS 平台具有一定的自身特色功能，但所有的 IaaS 平台都遵守开放虚拟化格式（Open Virtualization Format，OVF）协议，使得 IaaS 在跨平台方面稳步前进。这样使得应用能够灵活迁移至多个 IaaS 云上，而不会受限于特定的数据中心。

（4）支持的应用

由于 IaaS 主要提供虚拟机，并且普通虚拟机可以支持多种操作系统，因此 IaaS 支持的应用范围非常广泛。

（5）强大的伸缩性

IaaS 云能够在几分钟内提供用户所需的新计算资源，而传统的数据中心从接收申请、购买硬件到安装操作系统并交付给用户，往往需要数周的时间。此外，计算资源的大小可以根据用户需求进行调整，具备强大的伸缩性。

2.IaaS 使用的技术

在 IaaS 采用的技术方面，涉及一些比较底层的技术，其中有 4 种常见的技术。

（1）虚拟化

虚拟化技术可理解为基础设施层的“多租户”，通过虚拟化技术，可以在一台物理服务器上生成多个虚拟机，并在这些虚拟机之间实现全面隔离。这不仅可以降低服务器购置成本，还能减少服务器运维成本。成熟的 x86 虚拟化技术包括 VMware 的 ESX 和开源项目 Xen。

（2）分布式存储

为了承载海量数据并确保其可管理性，需要一套完整的分布式存储系统。在这方面，Google 的 GFS 是一个典型的例子。

（3）关系型数据库

基于现有的关系型数据库进行扩展和优化，使其更适应云环境。

（4）NoSQL

为了满足一些关系型数据库无法满足的需求，例如支持海量数据等，一些公司专门设计了一批非关系模型的数据库，如 Google 的 BigTable 和 Facebook 的 Cassandra 等。

（四）新系统采用模型讨论

SaaS（软件即服务）模型适用于面向普通个人用户提供软件成品使用服务。然而，新边防检查系统是移民管理部门专用的信息系统，不会有外部商业公司提供现成的系统。因此，SaaS 服务模型不适用于新边防检查系统的软件设计开发场景。然而，对于一线单位来说，SaaS 服务模型非常适合。一线单位无需安装和维护系统，检查员可以直接从客户端登录系统进行工作。

PaaS（平台即服务）模型适用于面向软件开发人员提供部署好的软件开发环境服务。对于新边防检查系统的开发部门来说，PaaS 服务模型是合适的选择。它可以为新系统开发人员快速、方便地部署软件开发环境，包括数据库、运行时环境、开发语言、编程技术框架和其他必要的中间插件。新加入的开发人员无需花费大量精力进行开发准备工作。

IaaS（基础架构即服务）模型适用于政企集团单位，按需提供 IT 基础设施资源，包括 CPU、存储磁盘、网络带宽等。理论上，移民管理部门可以根据实际需求即时购买云服务商的硬件资源，无需花费大量资金购买服务器等硬件资源，并避免资源闲置浪费、审批流程和安装过程的等待时间。然而，由于移民管理工作涉及国家主权和社会安定等重要问题，新边防检查系统的安装部署硬件不能依赖商业云服务提供商。移民管理部门必须自行建立云服务的基础设施。

二、新系统可采用的云服务模式

虽然从技术或架构角度来看，云计算在本质上是相似的，但在实际情况下，为了满足不同用户的需求，它会演变为不同的模式。在美国国家标准技术研究院（NIST）发布的名为“云计算的 NIST 定义”中，明确了云计算的四种模式，它们分别是公有云、私有云、混合云和行业云。

那么，新系统应该选择哪种服务模式呢？接下来，我们将探讨云计算技术的这 4 种服务模式，包括它们的概念、构建方式、优势、不足之处以及未来的展望。

（一）公有云

公有云是目前最流行和最受欢迎的云计算模式。它是一种对公众开放的云服务，能够支持大规模的请求，并因其规模优势而具备较低的成本。公有云由云供应商运营，为最终用户提供各种 IT 资源。云供应商负责确保应用程序、软件运行环境以及物理基础设施等 IT 资源的安全性、管理、部署和维护。用户在使用这些 IT 资源时，只需要根据实际使用付费，无需进行任何前期投入，非常经济高效。在公有云中，用户无法确定与其共享和使用资源的其他用户是谁，整个平台的实现方式也不为用户所控制，甚至无法直接控制实际的物理设施。然而，云服务提供商能够保证所提供资源的安全性和可靠性等非功能性需求。

许多 IT 巨头都推出了自己的公有云服务，其中包括 Amazon 的 AWS、微软的 Azure、Google 的 Google Cloud、阿里巴巴的阿里云和腾讯的腾讯云等。这些云服务提供商通过构建全球性的基础设施网络，为用户提供高度可靠、安全性强的云计算解决方案。

1. 构建方式

在构建方式方面，目前主要存在 3 种方法。首先是独自构建，即云供应商利用自身的优秀工程师团队和开源软件资源，购买大量零部件来构建服务器和操作系统，构建整个云计算中心。独自构建的好处是能够最大程度地优化满足自身需求，但这需要一个非常专业的工程师团队，因此只有像 Google 这样的公司独自构建公有云。

其次是联合构建，云供应商在构建过程中，在部分软硬件方面选择商业产品，而在其他方面选择自建。联合构建的好处是避免自身团队进入不熟悉的领域，专注于在自身擅长的领域进行创新。微软就是一个明显的例子，在硬件方面，它没有像 Google 那样选择自建，而是采购了 HP 和戴尔的服务器，但在其擅长的软件方面选择了自主研发，例如采用了 Windows Server、IIS 服务器和 .NET 框架。

再次是购买商业解决方案，由于一些云供应商在构建云之前缺乏相关的技术积累，因此会选择购买相对成熟的商业解决方案。虽然这种购买商业解决方案的做法可能难以提升云供应商自身的竞争力，但在风险控制方面相对更为稳妥，与前两种构建方式相比。无锡的云计算中心就是一个很好的例子，由于无锡购买了 IBM 的 Blue Cloud 云计算解决方案，因此在大约半年的时间内就能向整个高新技术园区开放公有云服务，而在此之前，无锡基本上没有任何与云计算相关的技术储备。

2. 优势

公有云在许多方面都具有优势，以下是其中的 4 个方面。

①规模大：由于公有云的公开性，它能够聚集来自整个社会的大规模工作负

载，从而产生规模效应。这可以降低每个负载的运行成本，并为海量工作负载提供更多优化。

②价格低廉：对用户而言，公有云是按需使用的，无需任何前期投入，因此在初始成本方面具有巨大优势。随着公有云规模的增大，不仅云供应商受益，用户的开支也相应降低。

③灵活性：公有云对于容量几乎是无限的。即使用户对资源需求非常大，公有云也能够迅速满足需求。

④功能全面：公有云在功能方面非常丰富，支持多种主流操作系统和成千上万个应用程序。

3. 不足之处

除了优势之外，公有云也存在一些不足之处。

①缺乏信任：尽管公有云在安全技术方面提供了很好的支持，但由于数据存储在使用者的本地环境之外，使用者不可避免地会对数据的安全性产生担忧。

②不支持遗留环境：由于现在的公有云技术主要基于 x86 架构，并且普遍使用 Linux 或 Windows 操作系统，对于大多数遗留环境（例如基于大型机的 Cobol 应用程序）的支持并不理想。

4. 对未来的展望

由于公有云在规模和功能等方面的优势，它将继续受到绝大多数用户的欢迎。从长期来看，公有云有望成为云计算的主流甚至是唯一模式，类似于公共电力供应。然而，在短期内，由于信任和遗留环境等问题，公有云可能在吸引用户方面还存在一定的挑战。

（二）私有云

关于云计算，尽管公有云以 Amazon EC2 和 Google AppEngine 为代表引起了广泛的讨论，但对于许多大中型用户而言，由于存在一些限制和条款，短期内很难大规模采用公有云技术。然而，这些用户也希望享受云计算所带来的便利，因此私有云这一云计算模式应运而生。私有云主要为使用者内部提供云服务，不向公众开放，在使用者的防火墙内运作，并由使用方的 IT 人员对数据、安全性和服务质量进行有效控制。与传统的用户数据中心相比，私有云可以支持动态灵活的基础设施，降低 IT 架构的复杂性，并实现各种 IT 资源的整合和标准化。

在私有云领域，主要存在两个联盟。一方面是 IBM 与其合作伙伴，推广的解决方案主要包括 IBM Blue Cloud 和 IBM Cloud Burst。另一方面是由 VMware、Cisco 和 EMC 组成的 VCE 联盟，他们主要推动的是 Cisco UCS 和 vBlock 技术。在实际案例方面，已经成功建立的私有云包括采用 IBM Blue Cloud 技术的中化云计算中心和采用 Cisco UCS 技术的 Tutor Perini 云计算中心。

1. 构建方式

创建私有云的方式主要有两种。首先是独自构建，通过使用 Enomaly、Eucalyptus 等软件将现有硬件整合成一个云平台。这种方式适用于预算有限或希望重用现有硬件的用户。其次是购买商业解决方案，通过购买 Cisco UCS、IBM Blue Cloud 等解决方案一次性建立私有云。这种方式适用于具备实力和资源的用户和机构。

2. 优势

私有云模式在以下五个方面展现出出色的优势，主要由于它运行在使用者的数据中心内部服务器上，并由使用者的 IT 团队进行管理。

①数据安全：对于大型使用者来说，与业务相关的数据是其生命线，必须受到严格的控制和保护。尽管每个公有云供应商都声称其服务在数据管理方面非常安全，但大型使用者通常不愿将关键应用部署到公有云上。私有云在这方面具有优势，因为它一般构建在使用者的防火墙内，使用者对数据的存储方式和位置有更严格的控制和监视。

②服务质量（SLA）：私有云一般部署在使用者内部，而不是远程数据中心，因此当公司员工访问基于私有云的应用时，服务质量非常稳定，不会受到远程网络异常的影响。

③充分利用现有硬件资源：许多公司，尤其是大型公司，存在着许多低利用率的硬件资源。通过私有云解决方案或相关软件，这些资源可以被重新利用，提高硬件资源的利用效率。

④支持定制和遗留应用：现有的公有云对一些定制化程度较高的应用和遗留应用的支持有限。但是这些应用往往是使用者最核心的应用，比如大型机、Unix等平台的应用。私有云在这方面是一个不错的选择，可以更好地支持定制和遗留应用的需求。

⑤ 不影响现有 IT 管理的流程：对大型使用者而言，IT 管理的流程是其管理的核心，缺乏完善的流程会导致混乱。私有云相对于公有云更好地适应使用者的现有流程，因为 IT 部门可以完全掌控私有云，使其更好地与现有流程进行整合，包括与业务流程和合规性要求的整合。

3. 不足之处

私有云模式也存在一些不足之处，其中主要问题是成本开支高。首先，建立私有云需要高昂的初始投资成本，特别是如果需要购买大厂商的解决方案时，成本会更高。其次，私有云需要在使用者内部建立一个专业的云计算团队，这增加了持续运营的成本。

4. 对未来的展望

在未来相当长的一段时间内，私有云将成为大中型使用者最为认可的云计算模式。私有云将极大地增强使用者内部的信息处理能力，使整个信息服务围绕业务展开，从而更好地为业务提供支持。随着私有云技术的不断发展和成熟，预计私有云将继续在企业和组织中发挥重要作用，并为其提供灵活性、定制性和数据安全性等方面的优势。

（三）混合云

混合云虽然不如前面的公有云和私有云常用，但已经有类似的产品和服务出现。顾名思义，混合云是将公有云和私有云结合到一起的模式，即它是让用户在私有云的私密性和公有云低成本之间做一定权衡的模式。例如，使用者可以将非关键的应用部署到公有云上来降低成本，而将安全性要求很高、非常关键的核心应用部署到完全私密的私有云上。

现在混合云的例子非常少，最相关的就是 Amazon VPC（Virtual Private Cloud，虚拟私有云）和 VMware vCloud 了。例如，通过 Amazon VPC 服务能将 Amazon EC2 的部分计算能力接入到使用者的防火墙内。

1. 构建方式

混合云的构建方式有两种。第一种是外包使用者的数据中心。使用者建立一个数据中心，但具体的维护和管理工作外包给专业的云供应商，或者邀请专业的云供应商直接在厂区内建立专为该使用者提供服务的云计算中心，并在建成后负责后续的维护工作。第二种是购买私有云服务。通过购买 Amazon 等云供应商的私有云服务，能将一些公有云纳入使用者的防火墙内，在这些计算资源和其他公有云资源之间进行隔离，同时获得极大的控制权，也免去了维护的烦恼。

2. 优势

通过使用混合云，使用者可以享受接近私有云的私密性和接近公有云的低成本，并且能够快速接入大量位于公有云的计算能力，以备不时之需。

3. 不足之处

目前可选择的混合云产品较少，而且在私密性方面不如私有云，在成本方面也不如公有云低，并且操作起来较为复杂。

4. 对未来的展望

混合云比较适合那些想尝试使用云计算的使用者和面对突发流量但不愿将使用者信息处理业务全部迁移到公有云的使用者。虽然混合云不是长久之计，但它应该也会有一定的市场空间，并且也将会有一些厂商推出类似的产品。

（四）行业云

虽然行业云较少被提及，但它具有一定的发展潜力。行业云主要指专门为某个行业的业务设计的云解决方案，并向该行业的多个使用者开放。

尽管目前还没有成熟的行业云实例，盛大网络的开放平台展现出行业云的潜力。该平台可以共享整个云平台给多个小型游戏开发团队，使这些小团队只需专注于游戏的创意和开发，而将与游戏相关的烦琐运维工作交给盛大的开放平台负责。

1. 构建方式

行业云的构建方式主要有两种。第一种是独立构建，即某个行业的使用者自主创建行业云，并与其他同行业的公司共享。第二种是联合构建，多个同类型的使用者可以合作建设和共享一个云计算中心，或者邀请外部供应商参与其中。

2. 优势

行业云能够为特定行业的业务提供专门的优化解决方案。相比其他云计算模式，这不仅方便了用户，还能进一步降低成本。

3. 不足之处

行业云的局限在于其支持范围较小，仅限于某个特定行业，并且建设成本较高。

4. 对未来的展望

行业云非常适合那些业务需求相似且对成本高度关注的行业。尽管目前还没有很好的示例，但对某些行业来说，如游戏行业，行业云应该具备一定的吸引力。随着时间的推移，可能会出现更多行业云的解决方案。

（五）新系统采用模式讨论

考虑到移民管理部门对数据安全性的高要求，私有云模式是保密效果最好的选择。采用私有云模式，移民管理部门可以完全掌控云设施，根据部门业务需求进行系统部署。然而，私有云模式的缺点是成本较高，由于移民管理部门分布全国，建设专用云服务设施需要投入大量资金。

为了降低云计算设备部署成本，可以考虑采用行业云模式。公安部内部的不同警钟或公检法等单位可以共同建设和共享云服务基础设施，然后各单位部门共同使用云服务。这样可以显著降低云服务设施的建设成本。然而，采用行业云共建模式时，移民管理部门将失去对云计算服务的完全控制权，使用时需要与其他部门协商，可能会带来一些不便。

虽然由于安全性问题，公有云不适合部署新边防检查系统的所有功能，但为了系统的灵活性，仍然可以将部分功能部署在公有云中。例如，检查员使用的出入境对象信息采集功能可以部署在公有云中，因为该功能本身不涉及国家安全，并且可以通过加密手段在公有云环境中安全使用。使用公有云可以增强新系统的灵活性，随时随地都可以进行出入境对象信息的采集；同时还可以增强系统的稳定性，当移民管理部门的私有云发生大规模故障时，可以通过公有云服务完成出入境对象的验放工作。

综上所述，混合云模式是最佳选择，它兼顾了私有云的数据安全性和公有云的灵活性。移民管理部门可以将敏感数据和核心功能部署在私有云中，同时将非敏感数据和特定功能部署在公有云中，以实现最佳的系统性能和成本效益。

三、新系统的运行管理问题

（一）云管理层

新边防检查系统采用云服务网页版的形式进行部署，只要云计算中心能够安全运行，新系统就可以安全地运行。在新系统的安全管理方面，云的安全管理层起着主要作用，通过管理云的安全管理层，确保云计算中心的稳定运行，并实现简洁高效的管理。

与前面提到的云服务的软件即服务（SaaS）、平台即服务（PaaS）、基础架构即服务（IaaS）三层相比，云管理层相对较少被人所熟知，但它是云服务最基础和核心的部分，在管理和维护方面为云计算中心提供了更好的可用性。如图 5-2 所示，云管理层包括 9 个模块，分为用户层、机制层和检测层三个层次。这些模块提供了各种管理和维护功能，为云计算提供支持。

用户层主要面向云的使用者，通过多种功能为用户提供服务，包括管理账户、解决用户疑难问题、提供费用报表等。

机制层主要提供用于管理云的各种机制，通过这些机制，能够使云计算中心的管理实现高度自动化、更安全和节能环保。

检测层主要监控云计算中心的运行情况，包括 CPU 使用率、内存利用率、网络带宽利用率等，并采集相关的监测数据，供用户层和机制层使用。

这三个层次和九个功能模块共同提供了丰富的管理维护功能，为云计算中心的运行和管理提供支持和便利。云管理层的存在使得云计算中心相较于传统数据中心具有更好的可用性和管理效能。

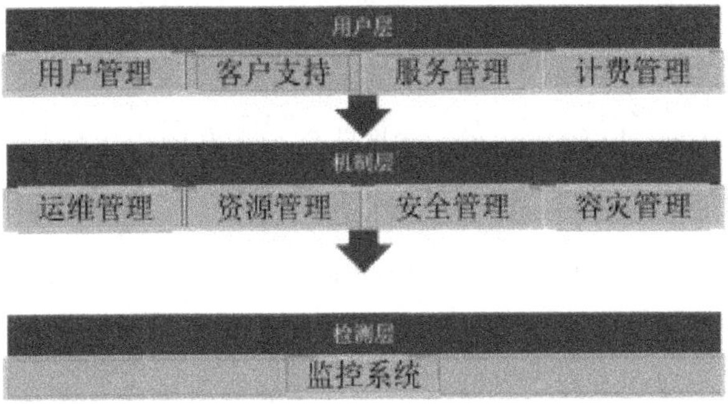

图 5-2　云管理层架构示意

（二）在云计算条件下新系统的运维工作特点

在当前的边防检查系统使用环境下，如果要为一位新的检查员配置一台客户机，需要进行系统安装、杀毒软件安装以及各种系统运行参数的配置。而云计算提供了用户在任何位置使用各种终端获取应用服务的能力，所请求的资源都源自云端，并且在打开终端时会发现所需的各种软件已预先安装完成。在云计算环境中，系统的更新和升级管理更加便捷，只需要对云数据中心进行集中更新，无需涉及大量终端设备。对于系统安全的管理也更加集中，用户的所有请求都在云端进行处理，数据中心可以实施统一的安全策略，审计监控用户的访问行为，并拒绝对系统构成威胁的访问行为，从而提升系统的安全性。

用户使用云端资源可以根据应用需求进行调整和动态伸缩，使得云计算能够有效地满足应用对资源的需求。基于云计算的边防检查信息系统可以采用资源池机制，当发生硬件故障时，虚拟基础设施管理器能够快速在可用的硬件资源池中寻找可替换的节点，完成对故障模块的替换，这个过程完全不会影响用户的使用。在云计算平台中，常规的单点故障不存在，极大地保证了服务的高可用性。同时，由于资源池的设计，当工作量增加时，边防检查信息系统对计算资源的需求超过当前服务器的最大限制时，可以随时从资源池中获取更多的计算资源，以解决突发工作量激增的问题，确保服务器不会因资源耗尽而发生故障。

基于云计算的边检查验信息系统将采用多数据中心的部署模式。这种部署模式能够实现不同数据中心之间的容灾和备份，当某个数据中心发生故障时，可以通过网络线路实时启用其他数据中心的备份镜像，并搭建临时虚拟服务器，将用户的访问请求引导到其他数据中心的临时虚拟服务器上，以继续为用户提供服务。与单一的多机备份模式相比，这种异地迁移能够在网络通信正常的情况下进一步保证系统的可用性，有效防止因故障而导致工作暂停的问题。

目前，边检检查系统采用分散运维和单独备份的方式进行保障。全国各个检查站都购买了大量硬件设备，并承担着本站查验系统的运维工作，这在运维过程中消耗了大量精力。基于云计算的边检查验信息系统在技术上的优势主要体现在云计算技术的高度自动化水平上。云计算技术融合了多种自动化模块，用于处理一些常规性的问题。例如，云计算平台的监听模块能够实时监控系统日志，利用预设脚本自动处理程序运行中的异常，完成设备的维护工作；自动化的辅助分析软件能够智能分析数据中心的运行状况，及时准确地定位故障，并掌控当前系统的整体运行状态，为运维决策提供有力支持。这些自动化技术使得云计算可以远程集中对大范围的软硬件进行在线运维，当出现问题时，可以通过远程集中维护、在线故障诊断和排除来解决。数据中心减少了运维人员的数量，系统的维护管理工作由几名专家级的运维人员完成，节约了大量运维资源。这样做不仅使人员编制可以更多地用于业务部门，还从整体上提升了运维团队的素质，降低了人为操作引发事故的可能性，并节省了后台设备维护管理的成本。

第三节　新系统建设方案

一、技术选型

（一）C/S 架构模式和 B/S 架构模式的选择

1. 两者的含义

C/S（Client/Server，客户端 / 服务器端）模式是一种典型的两层架构模式。在该模式下，客户端是运行在用户电脑上的一个或多个软件应用程序。服务器端有两种情况：一种是数据库服务器端，即运行数据库系统的服务器，如 Oracle、SQL Server 等经典数据库系统，客户端通过数据库连接访问服务器端的数据；另一种是 Socket（套接字通信）服务器端，服务器端的软件程序通过 Socket 与客户端的软件程序进行通信。C/S 架构是一种胖客户端架构模式，客户端软件程序需要实现大部分的业务逻辑和复杂的界面功能展示。

B/S（Browser/Server，浏览器 / 服务器端）模式是一种三层架构模式。其中，Browser 指的是 Web 浏览器，客户端是一个 Web 应用程序。服务器端和数据库端构成了所谓的三层架构。B/S 架构的系统无需特别安装，只要有 Web 浏览器，用户即可正常使用。在 B/S 架构中，显示逻辑交给了 Web 浏览器，事务处理逻辑放在了服务器端的 Web 应用程序上，这样就避免了庞大的胖客户端，减少了客户端的压力。由于客户端包含的逻辑较少，B/S 架构也被称为瘦客户端架构。

2. 两者的优缺点

（1）C/S 架构模式的优点

界面和操作可以丰富，能够满足用户的功能需求。安全性容易保证，可以实现多层安全认证。响应速度较快，为用户提供良好的使用体验。

（2）C/S 架构模式的缺点

适用范围较窄，通常仅适用于局域网环境。用户需在其计算机上安装客户端软件，因此不适合面向未知用户。维护成本较高，需要对所有用户的客户端软件进行升级。

（3）B/S 架构模式的优点

客户端无需安装，只需具备 Web 浏览器即可直接使用。B/S 架构可直接部署在广域网上，通过权限控制实现多用户按权限访问。交互性较强，用户能够方便地与服务器进行交互。

升级只需针对服务器进行，无需升级多个客户端软件。

（4）B/S 架构模式的缺点

在不同浏览器之间的兼容性较差，需要花费更多精力来确保一致性。实现与 C/S 架构相同的界面效果需要更多的工作。安全性方面需要更多的设计成本。请求 - 响应模式导致页面刷新，等待时间较长，用户体验稍显不友好。

3. 选择 B/S 架构模式

综合考虑后，我们决定采用 B/S 架构模式来建设新的边检查验信息系统。这一选择更适合云计算技术的特点，便于技术人员进行大规模部署、推广和后期运维管理。采用 B/S 架构模式，我们将注重后台软件开发，以确保新系统能够与不同版本的浏览器兼容。当需要配置新的系统边防检查工作台或更换损坏的工作站时，任何一台电脑都可以直接作为工作站，省去了技术人员提前配置系统的烦琐过程。

（二）服务器数据库的选择

在出入境边防检查工作中，我们直接面对来自国内外各种不同的出入境旅客，因此对边防检查系统的要求包括迅捷性和数据的绝对安全可靠性。在新系统的开发中，我们需要选择适合的服务器数据库软件。

数据库是按照特定数据模型组织和存储数据的集合。它具有不重复的特点，能够为特定组织的多种应用服务，其数据结构独立于使用它的应用程序，数据的增、删、改、查由统一的软件进行管理和控制。数据库技术自诞生以来已经发展了半个世纪，拥有丰富的理论基础、成熟的商业产品和广泛的应用领域，吸引了越来越多的研究者的关注和参与。

1. 数据库的类型

数据库系统最初的设计出现在 20 世纪 60 年代。当时，计算机广泛应用于文件数据管理，并对数据应用提出了越来越高的要求。传统的文件系统已经无法满足人们的需求，于是数据库管理系统应运而生，它能够统一存储和管理数据。根据数据模型的特点，数据库系统通常被分为网状数据库、层次数据库、关系数据库和面向对象数据库等四类。随着技术的发展，云数据库也出现在我们的视野中。

（1）网状数据库

网状数据库管理系统最早由美国通用电气公司在 1961 年成功开发的集成数据存储（Integrated DataStore IDS）系统开创。它是世界上第一个网状数据库管理系统，为网状数据模型奠定了基础。网状数据库模型能够自然地模拟层次和非层次结构的事物，在早期数据库发展中占据了重要地位。

（2）层次数据库

层次数据库管理系统紧随网状数据库而出现。其中最广泛应用的典型层次数据库系统是美国 IBM 公司在 1968 年开发的信息管理系统（IMS），它是一种适用于 IBM 自有主机的层次数据库。IMS 是 IBM 最早的大型数据库产品之一，提供了群集、N 路数据共享、消息队列共享等先进特性的支持。

（3）关系数据库

尽管网状数据库和层次数据库已经能够有效地管理大量数据，但在抽象级别和内部数据独立性方面仍存在很大的不足。用户在操作这两种数据库以存取数据时，仍需构建明确的数据存储结构并指定数据的存取路径。使用起来并不太方便，因此后来开发出关系数据库以解决这些问题。

1970 年，IBM 的研究员 E.F.Codd 博士在《ACM 通信》杂志上发表了一篇名为《A Relational Model of Data for Large Shared Data Banks》的论文，明确提出了关系模型的概念，从而奠定了关系数据库的理论基础。

Codd 希望为数据库建立一个完善的数据模型，并陆续发表了多篇文章，用数学理论奠定了关系数据库的基础。关系模型具备严格的数学理论基础，抽象级别较高且简单清晰，易于理解和使用。

1974 年，IBM 里程碑式地提出了 SQL（Structured Query Language），简称 SQL。SQL 语言是一种高度非过程化的语言，只要求用户指明做什么而不需要指出如何做，实现功能包括查询、操纵、定义和控制，是一种通用的关系数据库操作语言。SQL 语言集成了数据库生命周期中的全部管理操作，提供了与关系数据库进行交互的方法，并且能与标准的软件开发编程语言无缝嵌套使用。迄今为止，SQL 语言一直是检验关系数据库的试金石，而每次 SQL 语言标准的更新变化都指导着关系数据库产品的发展方向。

经过几十年的发展和实际应用，关系型数据库系统的技术变得越来越成熟和完善。代表性的产品包括甲骨文公司的 Oracle、IBM 公司的 DB2、微软公司的 SQL Server 等等。

（4）面向对象数据库

随着信息技术的进步和多年的广泛实践应用，人们发现关系型数据库系统的局限性也变得显而易见：虽然它能高效地处理所谓的“表格型数据”，但对于工作中出现的越来越多的复杂类型数据却无能为力。因此，从 20 世纪 90 年代开始，业界一直在研究新型数据库系统。在相当一段时间内，数据库专家投入了大量时间研究“面向对象的数据库系统”，通过面向对象的思路处理工作中存在的复杂数据类型。

然而，理论上的完美并没有引起市场的热烈反应。经过数年的推广，面向对象的关系型数据库系统产品并没有得到市场的广泛接受。其不成功的主要原因有两点：一是关系型数据库的巨大成功阻碍了新数据库的推广，广大公司不愿意在已经使用效果良好的情况下花费更多的资金去重新改造正在使用的数据库系统；二是关系型数据库系统重新设计了数据库查询语言，新的查询语言极其复杂，不便于广泛推广和应用。

（5）云数据库

云数据库，顾名思义，是一种将传统数据库虚拟化部署到虚拟计算环境中的新型数据库类型，它具有按需付费、按需扩展、高可用性以及存储整合等优势。

与传统数据库相比，云数据库的最大区别在于封装了底层的软硬件，完全隔离了数据库集群、扩展性、可靠性和运维等工作，用户不再需要过多关注这些方面。相对于传统数据库，云数据库具有以下优点。

①低成本。专业的云数据库服务成本比传统自建数据库低很多，因为传统数据库中的许多功能需要用户购买后才能使用，这大大增加了成本。而云数据库提供一体化的数据库服务体系，可以根据企业的需求进行购买，购买后会有专业团队维护用户的数据库，从而大大降低了人力和资金成本。

②方便快捷。通过 Web 界面，用户可以直接选择所需的配置，快速申请和创建数据库。仅需几分钟，企业就能拥有一个统一管理的数据库，而这是传统自建数据库无法实现的功能。

③高可靠性。云数据库具备多重监控、数据自动备份、安全加密等强大功能，大大提升了企业数据的安全性和可靠性。

④自动运维。云数据库提供全天候 7x24 小时的客服团队，协助用户维护数据库。此外，还有多重监控、实例读写、访问白名单、故障自动切换、数据还原等安全保障功能，使用户的数据库更加安全。

⑤灵活性。云数据库可以根据用户的需求选择数据库类型、内部配置以及弹性拓展空间。相较于传统自建数据库，云数据库具有更高的自由度和灵活性。

总体而言，云数据库在成本、安全、快捷和稳定性方面都高于传统自建数据库。传统自建数据库需要用户自己亲自建立和后期维护，而云数据库不同，它已经将创建和维护等功能整合为一体化产品，大大提高了实用性。

随着云服务模式的普及，采用云数据库的客户数量将会越来越多。从 2010 年开始，云计算快速发展，开启了数据库虚拟云化的新时代，即将线下传统数据库迁移到云上数据库。自 2015 年和 2016 年以来，云数据库时代的趋势已经初露端倪。实际上，在全球范围内，正在进行一场替换传统数据库的行动。2013 年，阿里巴巴将最后一台 Oracle 数据库从淘宝核心系统下线。亚马逊也公开表示，将在 2020 年完全放弃 Oracle 数据库。根据 Gartner 的数据，到 2023 年，全球三分之四的数据库将在云上运行。云数据库时代能够极大地提高传统行业的效率。

2. 常见的数据库

（1）IBM 的 DB2

作为关系数据库领域的开创者和引领者，IBM 在 1977 年首次完成了 System R 系统的原型设计，随后推出了 SQL/DS for VSE 和 VM，其初版与 System R 研究原型密切相关。1983 年，DB2 for MVSV1 面向市场发布，其数据库设计目标是提供承诺的简洁性、数据独立性和用户生产效率。1988 年，DB2 for MVS 引入了强大的在线事务处理（OLTP）支持，而 1989 年和 1993 年则分别实现了远程工作单元和分布式工作单元，从而支持分布式数据库。最近推出的 DB2 Universal Database 系列是通用数据库的典范，是第一个具备网上功能的多媒体关系数据库管理系统，支持包括 Linux 和 Unix 在内的多个平台。

（2）Oracle

Oracle 是甲骨文公司开发的一款卓越的数据库产品，由 Larry Ellison 与其他人在 1977 年创办。当时，IBM 发表了“关系数据库”的论文，而埃里森等人基于这一概念开发了他们的旗舰产品 Oracle，并在市场上获得了巨大成功。Oracle 公司是最早开发关系数据库的厂商之一，在全球范围内产生了广泛影响，其产品支持最广泛的操作系统平台。目前，Oracle 数据库产品还增加了云服务内容。

（3）SQL Server

早在 1987 年，微软与 IBM 合作开发了 OS/2 个人电脑操作系统，IBM 在 OS/2 系统中集成了 OS/2 Database Manager 数据库功能，而当时微软的产品线中还没有数据库产品。因此，微软开发了基于 OS/2 平台的关系型数据库 SQL Server。1989 年，微软发布了 SQL Server 1.0 版本。

（4）MySQL

MySQL 是瑞典 MySQL AB 公司开发的一款小型关系型数据库管理系统。在 2008 年被 Sun 公司（现已被甲骨文收购）收购。目前，MySQL 被广泛应用于互联网上的中小型网站和企业中。由于其体积小、速度快、总体成本低，尤其是源代码开放的特点，许多中小型网站为了降低运营成本而选择 MySQL 作为网站数据库。

（5）Access 数据库

Access 是由微软公司开发的小型关系型数据库，与 Office 办公套件集成发布。它具有界面友好、易于学习和使用、开发简便、接口灵活等特点，是典型的新一代桌面数据库管理系统。Access 拥有许多先进的大型数据库管理系统所具备的特性，例如事务处理 / 错误回滚能力，能够方便地生成各种数据对象，快速建立窗体和报表，并且具有良好的可视性，非常适合个人用户使用。

（6）GaussDB T 数据库

华为公司的 GaussDB　T 云数据库于 2019 年正式投入使用，是全球首款支持鲲鹏硬件架构的企业级数据库。华为 GaussDB　T 基于创新的数据库内核，提供高性能的实时事务处理能力和金融级高可用性，适用于金融机构、政府、运营商、大型企业等各行各业的场景，例如金融互联网交易、政府或企业自动化办公（OA）等管理支持系统业务。华为 GaussDB T 数据库云服务具有以下特点。

①优越性能：具备高性能、低延迟的事务处理能力，典型配置下，与开源数据库相比，sysbench 性能数据提升了 30% 至 50%。

②安全可靠：系统稳定可靠，可以承载电信级、金融级核心生产系统；支持秒级闪回恢复以防止数据误操作，提供用户权限管理、多维度审计，确保数据安全。

③简单易用：支持丰富的 SQL、存储过程、自定义函数，并提供丰富的 API 接口，高度兼容业界主流商业数据库生态。

④鲲鹏产业生态：支持鲲鹏硬件架构的企业级数据库云服务。

（7）OceanBase 数据库

中国蚂蚁金服自主研发的金融级分布式关系数据库 OceanBase，自 2010 年起开始在阿里巴巴集团的支付宝、淘宝等业务中使用。自 2017 年起，OceanBase

数据库正式对外开放，为银行、保险等金融机构提供服务。OceanBase 是一个支持海量数据的高性能分布式数据库系统，具备数据强一致性、高性能、高可用性、在线扩展、高度兼容 SQL 标准和主流关系数据库、低成本等特点。

根据国际事务处理性能委员会（TPC，Transaction Processing Performance Council）官网于 2019 年 10 月 2 日披露的消息，中国蚂蚁金服自主研发的金融级分布式关系数据库 OceanBase 在被誉为“数据库领域世界杯”的 TPC-C 基准测试中创下了新纪录。它打破了美国公司 Oracle（甲骨文）保持了长达 9 年的世界纪录，成为首个登顶该榜单的中国数据库产品，如图 5-3 所示。

Hardware Vendor	System	Performance (tpmC)	Price/tpmC	Watts/KtpmC	System Availability	Database	Operating System	TP Monitor	Date Submitted
ANT FINANCIAL	Alibaba Cloud Elastic Compute Service Cluster	60,880,800	6.25 CNY	NR	10/02/19	OceanBase v2.2 Enterprise Edition with Partitioning, Horizontal Scalab	Aliyun Linux 2	Nginx 1.15.8	10/01/19
ORACLE	SPARC SuperCluster with T3-4 Servers	30,249,688	1.01 USD	NR	06/01/11	Oracle Database 11g R2 Enterprise Edition w/RAC w/Partitioning	Oracle Solaris 10 09/10	Oracle Tuxedo CFSR	12/02/10
IBM	IBM Power 780 Server Model 9179-MHB	10,366,254	1.38 USD	NR	10/13/10	IBM DB2 9.7	AIX Version 6.1	Microsoft COM+	08/17/10
ORACLE	SPARC T5-8 Server	8,552,523	.55 USD	NR	09/25/13	Oracle 11g Release 2 Enterprise Edition with Oracle Partitioning	Oracle Solaris 11.1	Oracle Tuxedo CFSR	03/26/13
ORACLE	Sun SPARC Enterprise T5440 Server Cluster	7,646,486	2.36 USD	NR	03/19/10	Oracle Database 11g Enterprise Edition w/RAC w/Partitioning	Sun Solaris 10 10/09	Oracle Tuxedo CFSR	11/03/09
IBM	IBM Power 595 Server Model 9119-FHA	6,085,166	2.81 USD	NR	12/10/08	IBM DB2 9.5	IBM AIX 5L V5.3	Microsoft COM+	06/10/08
Bull	Bull Escala PL6460R	6,085,166	2.81 USD	NR	12/15/08	IBM DB2 9.5	IBM AIX 5L V5.3	Microsoft COM+	06/15/08
ORACLE	Sun Server X2-8	5,055,888	.89 USD	NR	07/10/12	Oracle Database 11g R2 Enterprise Edition w/Partitioning	Oracle Linux w/Unbreakable Enterprise Kernel R2	Oracle Tuxedo CFSR	03/27/12
ORACLE	Sun Fire X4800 M2 Server	4,803,718	.98 USD	NR	06/26/12	Oracle Database 11g R2 Enterprise Edition	Oracle Linux w/Unbreakable Enterprise Kernel R2	Oracle Tuxedo CFSR	01/17/12
Hewlett Packard Enterprise	HP Integrity Superdome-Itanium2/1.6GHz/24MB iL3	4,092,799	2.93 USD	NR	08/06/07	Oracle Database 10g R2 Enterprise Edition w/Partitioning	HP-UX 11.i v3	BEA Tuxedo 8.0	02/27/07

图 5-3 TPC 官网测试结果截图

TPC-C 是由 TPC 组织（国际事务性能委员会）制定的关于商品销售订单创

建和订单支付的基准测试标准。它是数据库联机交易处理系统的权威基准测试标准，被全球主流计算机硬件厂商和数据库厂商公认为权威标准。多年来，TPC-C一直是海外传统数据库厂商竞争的舞台，其中Oracle更是长期称霸该榜单长达9年。OceanBase成为第一个完全自主研发的中国大型数据库产品，登上TPC-C排行榜前列，创造了新的联机交易处理速度世界纪录，超过了Oracle的成绩两倍以上。

数据库和操作系统一样，是IT行业的重要基础软件。自从1978年，“数据库”这个词首次在中国大学的课堂上出现，中国的数据库发展已有40年的历史。2006年，国务院发布的《国家中长期科学和技术发展规划纲要（2006-2020年）》首次提出了“核高基”概念，其中“基”指的就是数据库、操作系统、中间件等核心基础软件产品。作为基于云计算分布式的新一代数据库，OceanBase在性能指标上远远超过了Oracle等传统数据库，标志着中国自主研发的数据库经过40年的探索和发展，在云计算时代迎来了超越。

（8）POLARDB数据库

POLARDB是阿里巴巴集团研发的又一款高性能云数据库。在2017年杭州云栖大会前夕，阿里云正式发布了自主研发的新一代商用关系型云数据库POLARDB。它创新地实现了企业级一体化数据库系统的整体设计，一个数据库即可满足多类数据库的混合使用。POLARDB采用第三代分布式共享存储架构，创新地实现了计算节点和存储节点的分离和集群化，使得POLARDB具备即时生效的可扩展能力和运维能力。它能够实现无缝扩容，支持百T级别容量，只需几分钟即可实现只读副本扩容，一分钟即可完成全量备份，为用户快速业务发展提供了弹性扩展能力。

3. 数据库的选择

新一代边防检查系统基于云计算技术进行设计，因此相比传统数据库，更适合采用先进的云数据库架构。同时，我国已经拥有多种完全拥有自主知识产权、性能安全可靠的云数据库商业产品。从国家安全的角度考虑，我们应该选择国产云数据库产品。

二、新系统部署方式

研发新的边防检查系统有两个目的。首先是完善系统的业务功能，去除或改进原有边防检查系统中的无用功能，并根据边检业务的发展变化增加新功能，以满足最新的工作需求。其次是采用新技术和更新设计理念，使新系统在后期的运行维护工作更加高效和简洁。新系统的部署方案将影响系统后期运行维护工作的高效展开。

（一）多数据中心

边防检查员在使用边防检查系统验放旅客时，需要数据中心服务器的支持。一旦数据中心发生故障，将导致整个单位范围内无法正常验放旅客，造成严重的工作事故。因此，出入境边防检查机关的运维工作的核心内容就是确保数据中心的正常运行。

由于十几年前的设计理念问题，目前的边防检查系统采用了各个出入境边防检查机关建立自己的数据中心。每个单位设有专门的科室来运行和维护自己单位的数据中心，运维人员每天都在不可控的压力下工作，不知道系统何时会出现问题。这种部署方式造成了两个问题：一方面，警力无法集中在边检工作的核心业务上，需要专门的编制从事技术工作；另一方面，每个出入境边防检查机关的运维人员都必须具备高水平的技术能力，以便在系统出现问题后能够迅速解决，因为出入境边防检查的性质要求系统不能长时间处于故障状态，即使只有 20 分钟也不行。然而，从全国范围来看，每年都会有某个检查站的数据中心发生故障，需要高水平的运维人员快速解决问题。从检查站个体来看，大多数检查站一年都不会出现任何问题，因此高水平的技术人员无法发挥自己的价值。

基于云计算技术研发的新边防检查系统可以通过在地理位置上建立多个数据中心来解决这些问题。每个数据中心为周围省份的出入境边防检查机关提供后台服务，并由数据中心负责系统运维保障工作，其他省份的出入境边防检查机关无需再投入过多精力进行系统运维工作，从而将解放出来的警力用于一线业务科室。

一个简化的数据中心设置方案是在东、南、西、北地区各设置一个数据中心。在正常状态下，每个数据中心为附近的出入境边防检查机关提供服务。基于云计算技术的特性，每个数据中心都应该具备完善的故障处理机制，以防止某个设备的损坏对整个数据中心的运行产生影响。当某个数据中心发生重大安全事故无法正常提供新边防检查系统的后台服务时，可以寻求其他数据中心的支持，让其他数据中心作为系统的后台服务器来提供服务。

在实际工作中，应该根据多个因素综合考虑来设置数据中心的数量和分布位置，包括各省份的地理位置、经济水平、出入境旅客数量以及技术基础条件储备等。这样可以确保系统的运维工作能够高效地开展。

（二）充分利用公共资源

在以往的边防检查系统的部署中，应用专注于安全性，系统自我封闭，并采用相对保守的技术手段。然而，在新的边防检查系统的部署应用中，我们需要解放思想，创新技术应用方案。

1. 利用商业公有云

在新边防检查系统中，我们可以合理界定不同功能涉密性的范围，对于不涉及敏感信息的功能，可以采取商业公有云作为信息传输渠道。例如，旅客的姓名、证件号码等基本个人信息以及对违反出入境相关法规的旅客做出的行政处罚信息，并不属于涉密敏感信息。因此，我们可以将新系统的旅客验放功能和违法违规处理功能部署在商业公有云中。

然而，新系统的许多功能仍涉及敏感信息，因此需要为新系统建立专用的云环境。在这种情况下，没有必要将新系统拆分为两部分并分别部署在私有云和公有云中。商业公有云的部署方式可以作为备用方案，当私有云网络出现严重故障且无法及时恢复时，可以启用商业公有云网络，将采集的旅客信息通过商业公有云传输到附近的分数据中心进行处理。

2. 利用通信无线网络

中国移动、中国联通、中国电信等公司的移动通信网络已经遍布全国，新的边防检查系统应充分利用移动通信网络完成信息的传输。通过数字加密技术，可以对移动通信网络传输的内容进行加密和解密，确保无线网络传输信息的机密性和完整性。

在出入境边防检查站的验放现场，边防检查系统使用的有线传输介质经常受到各种原因的破坏，有时甚至遭受严重的损坏，导致主干网被挖断成多段，无法在短时间内恢复。在这种情况下，技术人员可以迅速将新系统切换到移动通信网络，以完成出入境边防检查工作。

由于成本或场地条件的限制，许多偏远现场没有部署有线网络。对于这些偏远现场的旅客验放，可以通过移动通信网络进行检验。

第六章　基于大数据的数据分析工作

随着互联网和信息行业的发展，在物理学、生物学、环境生态学等领域长期应用的大数据引起了人们的广泛关注。正如全球知名咨询公司麦肯锡所说："数据已经渗透到当今每一个行业和业务职能领域，成为生产要素。"当前，我们正处在一个信息爆炸的时代，社会的各个方面都在不断产生各种海量数据，就像一座巨大的金矿等待我们去发掘。各行各业，无论是商品进货种类和数量的把握，还是国家公共卫生安全的预防，都需要科学的决策来指导其发展。而科学的决策除了依赖于管理者自身的知识和经验，还需要真实有效的行业数据作为关键因素之一。随着中国国际地位的提高以及与各国的人员贸易日益密切，移民管理部门的角色日益重要。如何运用现代技术手段有效地管理出入境人员已成为当前移民管理工作的重要课题。大数据技术的诞生和发展使得移民管理工作进一步实现了精细化和智能化。

第一节　风险评估

大数据技术已经广泛应用于越来越多的领域，不仅局限于商业领域，政府机关和执法部门也日益重视起大数据的应用。

面对不断增长的出入境人员数量，我国移民管理部门的工作压力越来越大，维护出入境秩序和处理违法违规案件的工作变得愈发繁重。如何在新的历史时期有效开展移民管理工作，切实维护出入境秩序、降低涉外违法违规案件的发生，成为当前移民管理部门迫切需要解决的问题。为了切实解决这一问题，移民管理部门开始借鉴社会上各大企业的运营管理思路和风险应对经验与措施，依托大数据思维，探索将风险评估应用于移民管理工作中，解决在出入境数据维护工作中面临的难题，开辟移民管理工作信息化建设的新思路。

一、风险评估的重要性

风险评估一直是一个备受关注的研究领域。在治安反恐、金融资产安全、消防火灾分析以及国防安全等许多行业中，都进行了风险评估的研究工作，取得了丰富的成果。例如，《矩阵法兼序值法在恐怖活动嫌疑人员风险评估中的应用研究》（王永宝，2021）、《美国战略安全风险评估与预警机制论析》（郧超，2019）等。国内关于出入境人员风险评估问题的研究主要集中在口岸卫生检验检疫方面，也取得了许多研究成果，例如《中国边境口岸地区传染病境外输入风险评估——以新冠肺炎疫情为例》（程艺，2021）、《基于动态风险评估的全链条入境人员检疫查验模式的应用》（于磊，2016）等。然而，关于边检工作中出入境人员风险评估问题的研究还处于起步阶段，目前主要有《基于风险矩阵法的待遣出境人员安全风险评估机制研究》（周烨，2018）、《数据挖掘技术在船舶边检管理信息系统中的应用》（赵丁，2017）等。

国外相关研究注重系统研究、模型研究和实证研究，强调口岸出入境人员风险管理的针对性和持续性，具有借鉴意义。例如，《PortSec：A Port Security Risk Analysis and Resource Allocation System》（Michael DOrosz，2010）论述了口岸风险分析系统的构建，《The New US Security Agenda》（B. Fonseca，2017）论述了美国边境地区人员的管理。

近年来，随着改革开放的不断深入和社会主义现代化进程的加快推进，我国的综合国力不断提升，国际影响力日益增强，中国与世界的联系更加紧密，对外开放口岸的流量呈现持续攀升的趋势。与此同时，作为我国对外开放口岸的管理部门，口岸联检单位承担着境内境外出入境人员“双向过滤器”的重要任务，面临着更加艰巨和复杂的工作。

例如，国际和国内的反恐形势日益严峻和复杂，国内外恐怖势力相互勾连，反恐斗争已经成为常态化的格局，我国边境地区和口岸的反恐查堵压力巨大。此外，涉及“三非”外国人（指未经合法手续在中国非法就业、非法入境和非法居留的外国人）扰乱我国正常出入境秩序和社会安全稳定的问题也越来越突出。在新冠肺炎疫情防控期间，类似郑州某男子隐瞒国外行程的事件导致整个建筑物再次封锁隔离，暴露出口岸管理部门在对出入境人员的管控方面存在漏洞。因此，口岸管理工作亟须加强和改进，而风险评估则是一种非常有用的方法。

虽然依托大数据进行风险评估在移民管理部门的工作中是近年来才提出的设想，但在实际工作中已经有许多方面包含了风险评估的理念和方法。移民管理部门应通过分析国际上出入境人员检查的通行做法，进一步探索以“背景信息”评估为核心的出入境人员检查风险评估体系，并积极运用信息技术手段，制定科学的工作机制，以使我国的口岸管理工作能够适应未来一段时间内社会发展的新形势。

二、运用数据挖掘深化风险评估

在我国的移民管理工作中，大数据的应用重点是通过计算机对出入境业务的相关数据进行智能挖掘分析，从而对被考察的事务进行风险评估，移民管理工作人员可以参考评估结果来进行下一步的工作。

（一）数据挖掘在移民管理中的应用必要性分析

1. 大数据时代对移民数据管理提出新要求

“大数据”作为数据挖掘的基础，其数据来源的充足性关系到最终数据挖掘结果的可参考性。目前，我国正处于一个互联网和信息技术高速发展的大数据时代。经济蓬勃发展，各行各业为促进自身发展，都在寻求数据的整合与应用方法。包括移民管理部门在内的对外开放口岸管理部门已经意识到传统的数据分析远远无法满足口岸数据管理的需求。为了适应大数据时代下口岸的管理需求，各部门已在口岸部署了各自的数据管理系统，以便进行科学决策。移民管理部门利用边检信息系统进行出入境旅客信息的统计，从而制定打击偷渡活动的策略，增设移动口岸等便于口岸管理的措施；海关部门利用海关信息管理系统进行数据管理等。尽管口岸的各部门都有自己的系统，但对自己部门系统中存储的数据的利用仍处于起步阶段。随着口岸部门情报信息主导警务战略的深入推进，各种综合资源库的建立以及与口岸其他联检单位的深入合作，移民管理部门对信息资源库的综合利用的需求日益强烈。一个大型对外开放口岸的业务信息存储系统可能达到十数种，信息记录的总数可达千万之巨，数据挖掘正是一种通过分析大量数据、从中寻找规律的技术方法。通过从广泛的数据中寻找潜在的规律和价值，预测未来发展方向，为决策者提供科学决策依据以及推动移民管理工作的可持续发展，将数据挖掘深入应用到移民管理工作中对于防范口岸安全风险具有十分重要的意义。

2. 移民管理工作对数据挖掘的迫切需求

（1）出入境人员流量攀升，人工评估工作压力大

随着我国经济的飞速发展和国家地位的提高，我国与各国之间的交流日益频繁，进出我国的人员和车辆等总体数量呈上升趋势。以 2004 年至 2019 年的部分年度全国口岸出入境人员和出入境交通运输工具数量统计为例，见表 6-1。

表 6-1　2004 年至 2019 年部分年度出入境人员和出入境交通运输工具数量统计

年份	出入境人员（单位：万人）	出入境交通运输工具（单位：万辆）
2004	27 500	1 940.73
2008	35 100	2 208.90
2012	43 100	2 504.88
2017	59 800	3 097.66
2019	67 000	3 623.50

通过对以上数据的分析，我们可以看到我国的出入境人数以及出入境交通工具数量一直在快速增长，增长率也在不断加快。需要注意的是，即使增长率保持不变，数量在已经翻倍的基础上再次翻倍，增加的绝对值也是非常巨大的。如此庞大的客流量，依靠移民管理工作人员采取人工评估方式已经不再适用。同时，

随着客流量的增加，其中潜在问题也随之增多。因此，使用数据挖掘进行潜在规律的深层次挖掘，可以辅助移民管理部门进行风险评估工作，从而更好地为国家安全和社会经济发展提供服务。

（2）出入境管控智能化需求日益强烈

随着恐怖主义和跨国犯罪的威胁增加，加强出入境管控的安全性成为重要任务。智能化技术可以提供更准确、高效的身份验证和安全筛查，减少假证和冒名顶替等欺诈行为的发生，确保边境的安全。传统的出入境手续需要大量人力和时间，导致拥堵和延误。智能化系统可以自动化和加速通关流程，减少人工干预和排队时间，提高通关效率，给旅客带来更好的体验。智能化技术可以提供更全面、准确的数据分析和监测功能，帮助边境管理部门更好地了解和掌握边境情况，预测和防范潜在风险。通过数据整合和实时监控，可以更好地管理边境流量和移民情况，提高国家的治理水平。随着全球旅游和商务交流的增加，人们对出入境过程的便利性和顺畅性有更高的期望。智能化出入境系统可以提供更方便、快捷的通关方式，减少烦琐的手续和等待时间，提升旅行体验，促进经济和文化交流。

（二）数据挖掘在移民管理中应用的可行性分析

1. 其他行业实践

当前，数据挖掘技术已逐渐引起人们的关注，在各个行业得到广泛应用并得到一致认同。2009 年，甲型 H1N1 流感暴发，仅在短短几周内迅速传播开来，对公共卫生行业构成了一项挑战。传统上，疾病控制和预防中心通常需要几周的时间才能发现流感的传播情况，这种滞后性导致疾控中心在疫情暴发的关键时期无法采取及时的措施。然而，在流感暴发的几周前，谷歌公司的工程师通过对人们的搜索记录以及对往年流感传播数据的分析，使用数据挖掘的方法成功预测了 H1N1 的暴发，为公共卫生机构提供了极其有价值的信息。

2. 技术支持

一方面，随着信息技术的发展，计算机性能得到了极大程度地提高，且价格相对以往更加低廉。美国科技公司英特尔的创始人之一戈登•摩尔曾提出："当价格不变时，集成电路芯片上所集成的电路数量，约每隔 18-24 个月便会增加一倍，性能也将提升一倍。"这被称为著名的"摩尔定律"，它揭示了信息技术进步的速度。正是由于信息技术的发展和成本的降低，人们能够配备高性能计算机。同时，云计算、云存储等技术的逐渐成熟为大数据挖掘提供了坚实的硬件基础。

另一方面，越来越多的专业软件开始应用于大数据挖掘领域，例如数据采集类软件 Flume、Kafka、Sqoop，数据存储与管理类软件 HDFS、HBase、Redis、MongoDB，数据处理与分析类软件 MapReduce、Spark、Hive，数据可视化类软件 Easel、D3、Tableau 等。这些软件逐渐趋于一体化，使得数据的收集、整理、分析、挖掘等可以在同一平台下进行，降低了用户的使用难度。

3. 政策支持

国务院对于"金盾工程"的批复标志着全国公安机关大规模信息化建设的开始。移民管理部门将信息化作为移民管理工作的重要内容纳入日程，并将信息化建设作为一种必然趋势融入我国移民管理的主要工作中。各级移民管理部门积极开展创新出入境人员检查勤务模式和加强出入境人员检查信息化建设的工作，努力探索和实践信息化条件下的新型勤务模式，力争尽早实现情报主导警务的工作模式。

4. 人员准备

随着数据挖掘重要作用的日益显现，许多高校的计算机学院已经开设了专门的数据挖掘专业以及相关学科，涌现出一批杰出的教授和学者，为数据挖掘的实现提供了人才支持。许多科技公司，如阿里巴巴、腾讯等，已经在自己的产业领域内尝试应用数据挖掘方法，并取得了不错的成果。移民管理部门可以邀请这些单位或个人进行跨行业合作，充分利用社会上的数据挖掘人才资源，实现数据挖掘在移民管理中的最大化价值。

（三）数据挖掘在移民管理中的应用设想

为了直观展示数据挖掘在移民管理工作中可能取得的效果，作者使用个人计算机进行了一个案例的模拟运行。假设移民管理工作已经具备了基本的数据挖掘条件，数据大平台已经建立，移民管理部门能够实现对不同数据系统之间数据的任意调取。本次模拟采用了传统的数据挖掘算法，尽管传统算法无法适用于大数据场景，但传统数据挖掘与大数据场景数据挖掘的思想是一致的，即发现大量数据背后隐藏的知识，二者只是在能够有效处理的数据量上有所区别，效果展示上保持一致。

使用 VMware 虚拟机软件安装 Windows Server 2008 系统，并在其中安装了 Microsoft SQL Server 2012 数据库。Microsoft SQL Server 集成了标准数据挖掘算法，包括决策树算法、聚类分析算法、Naive Bayes 算法、关联规则算法、顺序分析和聚类分析算法、时序算法、神经网络算法、逻辑回归算法、线性回归算法。

在本次模拟中，为了展示效果，并考虑易用性和实用性，我们选择了决策关联规则算法进行实验。在实际的移民管理工作中，对于出入境管理，在理想状态下，要求工作人员对业务基本信息采集百分之百准确，但在实际工作中，由于各种原因，总会出现失误。此时，我们可以通过使用决策关联规则算法，分析造成工作失误的各种因素之间的内在关联规律，找出频繁出现的因素，帮助有关部门制定政策，有针对性地减弱不利因素的影响。

1.Apriori 关联规则算法

R. Agrawal 等人于 1994 年提出了一种关联规则挖掘算法，即 Apriori 算法。Apriori 算法是一种用于挖掘关联规则的频繁项集算法，其核心思想是通过生成候选集来获得频繁项集，并基于频繁项集生成关联规则。关联规则是形如 $X \rightarrow Y$ 的蕴含表达式，表示通过 X 可以推导出 Y，其中 X 和 Y 是不相交的数据项集，即 $X \cap Y = \emptyset$。关联规则的强度可以通过支持度和置信度来衡量。利用 Apriori 算法，可以挖掘出满足给定支持度和置信度的所有强关联规则，分析人员可以通过这些强关联规则发现一些隐藏的规律。

关联规则挖掘在我们的实际生活中有许多应用场景，例如沃尔玛超市推荐尿布和啤酒的搭配销售、百度文库向读者推荐可能感兴趣的相关文档、淘宝推荐产品、医疗机构推荐可能的治疗组合方案、银行向客户推荐相关联的理财计划等。需要特别指出的是，这些推荐的相关建议并不是直观显现的，而是需要我们使用关联规则数据挖掘技术在大量原始数据中挖掘得到，而 Apriori 算法则是一个很好的选择。

2. 数据挖掘应用实验的准备

在进行数据挖掘之前，需要进行相应的准备工作，即数据的预处理。下面以具体例子进行解释说明。

首先，根据移民管理工作的实际情况，虚拟出一组工作人员失误因素待分析的数据，共计 30 条。每条数据的构成要素如表 6-2 所示。

表 6-2　工作人员失误因素待分析数据组

编号	年龄	性别	文化	住房	婚否	工作时间段	家庭经济	连续加班	专业背景	是否失误
1	33	男	本科以下	有	否	夜晚	困难	无	历史	否
…	…	…	…	…	…	…	…	…	…	…
30	40	男	本科及以上	是	是	白天	中	有	计算机	是

然后，为了应用 Apriori 算法，需要对数据进行离散化处理。例如，A1 代表年龄小于或等于 20 岁，A2 代表年龄大于 20 岁小于或等于 30 岁，A3 代表年龄大于 30 岁小于或等于 40 岁，A4 代表年龄大于 40 岁，B1 代表男性，B2 代表女性，等等。

经过以上步骤，数据库挖掘创建完毕，接下来进行数据挖掘算法的测试实验。

3.Apriori 关联规则算法运行

此次实验设置支持度为 35%，置信度为 85%，经过计算可以得到三条强关联规则。

① 工作时间段为夜晚、连续加班 → 失误；

② 40 岁以上、家庭经济困难 → 失误；

③ 专业背景为计算机专业、男性、已有住房 → 失误。

通过本次数据挖掘，可以得出工作时间段为夜晚、连续加班；年龄较大、家庭经济困难；专业背景为计算机专业、男性、已有住房等三个因素组合是导致工作失误的重要因素。因此，在移民管理部门的日常工作安排中，应有意识地避免出现不利因素的组合。同时，移民管理部门也可以从本次数据挖掘结果中获得启示，例如对于连续加班的员工要注意安排轮休，对于年龄较大且家庭经济困难的员工应加强帮扶，避免产生恶性循环的结果。

需要指出的是，本次实验的目的是说明在大数据环境下如何应用数据挖掘技术来辅助移民管理部门进行科学决策，对挖掘结果的适用性并不作特别要求。虽然本次实验所使用的待分析数据是根据作者的工作经验虚拟而来，挖掘得到的结果可能与实际工作存在较大差异，但数据挖掘算法在移民管理工作中的应用过程大致如此。在移民管理工作中，移民管理人员应根据工作需要选择合适的数据挖掘方案，以更好地体现移民管理大数据背后的客观规律。

第二节　数据分析中的预测能力

上一节介绍了如何利用关联规则算法分析已发生事件的内部规律，从而指导移民管理部门的工作。实际上，在充足的数据基础上，利用数据挖掘技术还可以对事件未来的发展趋势进行预测。本节将完整展示如何使用 Python 进行口岸旅客流量预测的过程。

一、数据分析、Python 和线性回归算法

数据分析是指利用适当的微积分、线性代数、统计学、概率论等数学知识对

收集到的大量数据进行分析，提取有用信息、发现规律，从而对数据进行详细研究和归纳总结，以最大化地发挥数据的价值。数据分析是数学与计算机科学相结合的产物，其数学基础在 20 世纪早期就已经总结出来。直到计算机的出现，人们才开始意识到数据分析这个概念，并逐渐广泛运用这项技术来处理各种生活中的数据，帮助人们发现其中的规律并做出适当的决策。

数据分析的概念可分为两个方面，即“数据”和“分析”。在进行数据分析时，必须先有数据，然后再进行分析。前者涉及数据的选择、准备和处理等关键步骤，而后者则是通过对给定数据进行建模分析，提取有价值的信息和规律，并将原本复杂且庞大的数据简化和可视化。

数据分析的作用可以总结为现状分析、原因分析和预测分析三大类。现状分析通过数据告诉我们过去发生了什么。我们通过分析历史数据，并结合当前的整体情况，明确某些指标的高低和优劣程度。原因分析则通过数据告诉我们某一现状为什么会发生。在进行现状分析的基础上，我们了解了整体情况，但无法得知这些情况是由什么原因引起的，因此需要深入研究其中的原因。需要明确的是，原因分析通常是独立针对某一现状进行的。

在分析了现状和原因之后，接下来就需要进行预测。预测分析的作用是告诉我们未来会发生什么。通过现有掌握的数据，可以预测未来的发展趋势等。总而言之，数据分析的三大作用就是分析过去、现在和未来，掌握过去的整体情况，分析现状中存在的不足，并预测未来的发展趋势。

Python 是由荷兰计算机科学研究学会的数学家 Guido van Rossum 于 20 世纪 90 年代设计的编程语言。Python 提供了灵活的高级数据结构，能够以简洁高效的方式进行面向对象编程。作为一种解释型语言，Python 具有简单的语法和动态类型，因此成为一种受欢迎的开发语言，可用于快速开发应用程序的脚本编写。随着软件版本的不断更新和新功能的添加，Python 逐渐被用于大型项目的开发。

人工智能作为科技革命和国家战略布局的关键技术，由于在数据分析、机器学习和智能决策方面的优势，可以应用于众多行业部门。通过计算机智能地处理海量数据，并预设条件进行智能分析，人工智能可以发现其中隐藏的关系和规律，极大地提高工作效率。其中，数据分析模块可以独立出来，为不同地区的移民管理机构提供专业、高效、定制化的数据分析服务，协助解决实际业务问题，提升边检系统的信息利用效率。随着人工智能技术的发展，Python 语言也逐渐成为人们学习和掌握的热门语言，其受欢迎程度仅次于 Java 和 C 语言。在人工智能技术应用方面，Python 具有巨大的优势。凭借丰富的第三方模块，Python 可以广泛应用于不同领域，特别是在人工智能和数据分析领域，具有强大的实用性。同时，Python 被称为“胶水语言”，能够很好地包装和调用其他编程语言的模块，实现程序编制更加简洁高效。

线性回归算法是一种历史悠久且应用非常广泛的统计学模型，可以根据已知数据预测未来的未知数据。尽管在视觉上线性回归看起来是一个原理简单的“老旧”模型，但在实际生活中，仍然有很多前沿研究问题基于线性回归模型，尤其是在经济金融领域，通过线性回归模型能够更直观、更清楚地观察待预测变量与相关输入变量参数的关联关系。典型的应用场景包括销售额度预测、房价预测和贷款额度预测等。

线性回归算法已经被整合到机器学习中。机器学习是近年来兴起的一门多领域交叉学科，涉及统计学、概率论、凸分析、逼近论、算法复杂度理论等多门学科。机器学习理论主要是设计和分析一些让计算机可以自动“学习”的算法，如线性回归算法。机器学习算法是一类从数据中自动分析获得规律，并利用这些规律对未知数据进行预测的算法。Python 是一种有效的机器学习程序开发工具，本节将使用 Python 语言完成线性回归算法的计算，从而预测口岸出入境旅客流量。

二、基于 Python 的数据分析流程说明

（一）数据分析工具的选择

在大数据的浪潮下，许多行业开始运用数据来指导各项决策的实施。进行数据分析时，我们有许多工具可供选择，但数据分析的步骤通常包括明确目标、数据处理、数据分析、数据展示以及报告撰写。在日常生活中，经常提到的数据分析工具包括平台类的 Excel、SPSS、SAS、BI、SQL，以及编程语言类的 R 和 Python。其中最常见且基础的工具是 Excel，几乎可以解决日常工作中遇到的所有问题。然而，如果要处理大量的数据分析，Excel 可能无法胜任。

另外，SPSS 和 SAS 是另外两种数据分析工具，但它们存在复杂难懂和使用领域狭窄的问题。SPSS 主要用于市场调研类的统计分析，对操作者的计算机水平要求较低，只需点击菜单即可操作。虽然 SPSS 也有编程窗口，但使用它进行编程的人相对较少。而 SAS 主要用于金融行业和医学研究的数据统计。这两种数据分析工具的兼容性较差。而 R 语言是目前流行的一种兼容性较强的数据分析工具，但学习难度较大。

相比上述工具，Python 具有明显的优势。它具备强大的数据处理能力、可视化模块和快速运行速度，综合性能出色。目前，几乎所有数据科学领域的应用都可以使用 Python 来实现，这主要得益于其简洁的语法和丰富的模块库。大多数数据分析框架都首先支持 Python 编程。本文将使用 Python 来解决边检工作中的数据分析问题。

（二）数据分析的主要步骤

一个完整的数据分析过程主要包括 6 个步骤，包括明确目标、数据准备、数据处理、数据分析、数据展现以及报告撰写。由于本文选择使用 Python 编程语言进行数据分析模型构建研究，在建模过程中，数据展现应用于各步骤的数据观察和判断，因此与报告撰写共同放在“数据展现”步骤中体现。

1. 明确数据分析目标

在对数据任务进行分析之前，首要的步骤是明确分析目标，并对该任务进行初步了解。根据任务需要解决的问题，明确每个步骤要做的具体事情。在这个步骤中，数据分析人员需要具备良好的数据敏感性、清晰的分析思路以及移民管理工作的专业知识。

2. 数据准备

在明确了分析任务后，即可确定进行分析任务所需的工具和数据集。对于移民管理数据的分析，我们可以根据任务需求从不同的数据库中获取数据。数据准备是按照目标所需的数据，对特定数据进行收集。在此过程中，我们可能会获得不同格式和内容的数据，其中可能存在问题的数据可能会误导数据处理并影响数据分析的进行。因此，在进行下一步之前，需要对收集到的数据进行初步浏览和筛选。

在数据分析技术的应用中，还需要进行编译环境和所需模块的设置。Python语言具有良好的语法和解释性，近年来成为许多领域编写脚本和开发应用程序的理想选择。特别是在数据分析功能的实现中，Python 的优势得到了突出展现。在获取的数据集中，通常包含不同类型的结构化数据，例如字符串、整数和浮点数。由于目标需求的不同，我们往往不能将所有数据统一为同一类型。非统一类型的数据会限制处理过程中的运算速度。此外，现实生活中获得的数据通常存储为 CSV 或 Excel 表格文件，Python 的标准库在操作上受到了一定限制。为了高效处理存储为表格形式的结构化数据，我们需要导入 Python 的第三方模块 Pandas。Pandas 模块是 Python 中专门用于解决数据分析问题的工具，可以对结构化数据进行控制和操作，提供了快速便捷处理数据的方法集合。此外，根据需要，我们还可以导入其他第三方模块，如数据可视化模块 matplotlib、Seaborn 和数字计算模块 NumPy 等。详见图 6-1。

```
#导入numpy模块，用于处理数组
import numpy as np

#导入pandas模块，用于数据处理及分析
import pandas as pd

# 导入matplotlib的pyplot模块 和seaborn模块，用于数据可视化展现
from matplotlib import pyplot as plt
import seaborn as sns

#由于matplotlib 和seaborn 没有中文，需要设置中文字体
plt.rcParams['font.family'] = ['FangSong']
plt.rcParams['font.sans-serif'] =['FangSong']
#读取文档，总体阅览文档情况
thesis_data = pd.read_excel('文档名称.xlsx')
thesis_data
```

图 6-1　模块导入及文档读取示意图

3. 数据处理

数据处理是数据分析中最重要的步骤之一，关系到分析结果的质量。数据处理通常可以总结为数据清洗和数据整理两个步骤。

（1）数据清洗

收集到的数据集通常由于格式和内容的原因无法直接用于数据分析，需要进行清洗和整理，使数据变得干净、规整，以便进行后续的分析工作。在数据处理过程中，我们可以利用 Pandas 模块中强大的数据分析方法，快速实现数据处理任务。

①处理缺失值。在实际的数据分析项目中，经常会遇到数据统计不完整的情况，导入的数据也可能存在个别数据丢失的情况，这些缺失的数据就是缺失值。在 Python 中，通常通过以下 3 个步骤来处理缺失值：

第一步，使用 info（）方法来获取相关信息，查看数据集中是否存在缺失数据，如图 6-2 所示。

第二步，如果发现有缺失数据，可以使用 isna（）方法进行查找。查找的结果将以布尔值表示，True 代表缺失数据，False 代表数据正常，如图 6-3 所示。

第三步，利用 dropna（）方法删除数据集中包含缺失值的每一行。该方法

返回一个删除所有缺失数据的 DataFrame 对象，同时不会修改其他正常数据。我们还可以通过修改 dropna（）方法中的 subset 参数来指定删除一列或多列数据中含有缺失值的行，如图 6-4 所示。

```
#查看总体情况，开始处理数据
thesis_data.info()

<class 'pandas.core.frame.DataFrame'>
RangeIndex: 110 entries, 0 to 109
Data columns (total 15 columns):
 #  Column    Non-Null Count  Dtype
--- ------    --------------  -----
 0  出入境编号   110 non-null   object
 1  日期      110 non-null   datetime64[ns]
 2  护照号码    110 non-null   int64
 3                 月)  110 non-null   int64
 4                 n-null   object
 5                 n-null   object
 6                 0 non-null   datetime64[ns]
 7                 n-null   object
 8                 10 non-null   int64
 9                 non-null   object
 10                non-null   object
 11                n-null   int64
 12                0 non-null   object
 13                7 non-null   float64
 14                己  110 non-null   int64
dtypes: datetime64[ns](2), float64(1), int64(5), object(7)
memory usage: 13.0+ KB
```

图 6-2　使用 info（ ）方法查看数据总体情况及结果示意图

```
#处理缺失值，查看文档缺失值情况
thesis_data.isna()
```

	出入境编号	日期	护照号码												
0	False	False	False	False	False	False	False	False	False	False	False	False	False	False	False
1	False	False	False	False	False	False	False	False	False	False	False	False	False	False	False
2	False	False	False	False	False	False	False	False	False	False	False	False	False	False	False
3	False	False	False	False	False	False	False	False	False	False	False	False	False	False	False
4	False	False	False	False	False	False	False	False	False	False	False	False	False	False	False
...	...	...	...	...	...	...	...	...	...	...	...	...	...	...	...
105	False	False	False	False	False	False	False	False	False	False	True	False	False	False	False
106	False	False	False	False	False	False	False	False	False	False	False	False	False	False	False
107	False	False	False	False	False	False	False	False	False	False	False	False	False	False	False
108	False	False	False	False	False	False	False	False	False	False	False	False	False	False	False
109	False	False	False	False	False	False	False	False	False	False	True	False	False	False	False

110 rows × 15 columns

图 6-3　使用 isna( ) 方法查看缺失值及结果示意图

```
#删除缺失值（可定向删除，也可删除所有有缺失的行），并查看删除后的文档总体情况
thesis_data = thesis_data.dropna(subset=['目的国'])
thesis_data.info()
```

```
<class 'pandas.core.frame.DataFrame'>
Int64Index: 106 entries, 0 to 108
Data columns (total 15 columns):
 #   Column      Non-Null Count  Dtype
---  ------      --------------  -----
 0   出入境编号     106 non-null    object
 1   日期          106 non-null    datetime64[ns]
 2   护照号码       106 non-null    int64
 3               月)  106 non-null    int64
 4               n-null    object
 5               n-null    object
 6               non-null    datetime64[ns]
 7               n-null    object
 8               06 non-null    int64
 9               non-null    object
 10              non-null    object
 11              n-null    int64
 12              6 non-null    object
 13              3 non-null    float64
 14              106 non-null    int64
dtypes: datetime64[ns](2), float64(1), int64(5), object(7)
memory usage: 13.2+ KB
```

图 6-4　使用 dropna( ) 方法删除缺失值及结果示意图

②处理重复值。重复值指的是数据集中出现多次的重复数据。通常由于计算机算法的错误导致相同的数据被多次录入。虽然在边防检查工作中重复值的出现

较少，但为了能够进行更精确的数据分析，处理重复值也是必不可少的。

我们可以使用 duplicated（）方法来查找数据集中的重复行，以便预览和判断数据中的重复值。一旦确定存在重复值，可以通过 drop_duplicates（）方法删除数据集中重复出现的整行数据。drop_duplicates（）方法并不会删除所有重复的行，它会自动保留重复值的第一行数据，从而最大程度地保护数据的完整性。

③处理异常值。数据中有时会出现异常大或异常小的数值，超出了数据的实际限定范围，这种数据被称为异常值。在数据清洗过程中，我们首先使用 describe（）方法来查看数据是否存在异常，并进行人工识别。describe（）方法返回的统计信息包括数值型数据的频数统计、平均值、标准差、最小值、第一四分位数、中位数、第三四分位数以及最大值。根据需要对返回的特定数据进行分析判断，通过布尔索引的方式筛选出数据的有效范围，从而实现异常值的处理。如图 6-5 所示。

```
# 开始清理异常值，查看文档中的描述性统计信息
thesis_data.describe()
```

	护照号码	护照签发间隔（月）				⋮
count	96.000000	96.000000	96.000000	96.000000	93.000000	96.0
mean	767280.781250	6.395833	31250.635417	31.083333	0.494624	1.0
std	126081.325716	5.550684	174905.694518	9.786851	0.842146	0.0
min	557625.000000	1.000000	0.000000	18.000000	0.000000	1.0
25%	672251.250000	3.000000	0.000000	22.750000	0.000000	1.0
50%	752205.000000	5.000000	0.000000	30.000000	0.000000	1.0
75%	854842.500000	8.000000	1.000000	40.000000	1.000000	1.0
max	999915.000000	25.000000	999999.000000	48.000000	3.000000	1.0

图 6-5　使用 describe( ) 方法查看描述性统计数据示意图

（2）数据整理

数据整理是指在进行数据分析之前，对经过清洗的数据进行排序、转换、抽取、合并和计算等操作。在移民管理数据分析工作中，现有系统数据库提供的数据已经无法满足出入境管理的需求。因此，我们需要结合不同领域的数据来分

析、统计和预测犯罪分子的行为模式，以便对其进行打击。不同数据库中的数据需要经过格式转换、排序、部分数据抽取和计算等一系列步骤进行整理和分类，最终合并成一份数据，用于接下来的数据分析。

4. 数据分析

数据分析过程中离不开数学知识的应用。根据统计学中常用的统计方法，可以分为描述性统计和推断性统计。在这两种方法下，又可以细分为相关性分析、回归分析、聚类分析、因子分析等不同的分析方法，具体选择方法取决于项目场景的需求。例如，在边防检查中，对不同类型的出入境旅客进行统计分析时，适用聚类分析；而对不同变量之间的相互关系进行分析以预测出入境客流量时，适用回归分析。同时，通过建立模型，我们可以实现快速高效的数据分析，即使对于每天有数万旅客通过的出入境口岸的数据，也能及时进行分析。

移民管理机关肩负着守卫国门安全的重要使命，对数据的处理不能仅止步于分析阶段。根据工作需求，还应建立一套适合自身发展的数据分析系统，以更好地提升出入境口岸的工作效率。

5. 数据展现

数据分析产生的结果通常以数据的形式呈现，数据量可能非常庞大，以至于难以直观地理解。为了在庞杂的数据中发现规律，我们需要借助数据可视化的手段。如图 6-6 所示，数据可视化能更好地利用人类对形状和颜色的感知敏感性，有效传递信息，帮助我们从数据中更直观地发现事物之间的关系、发展规律和趋势。常用的数据可视化方法包括折线图、柱状图、饼图、散点图和热力图等。

数据可视化不仅能将枯燥的数据变得更生动形象，还能通过展示的图形特征深入剖析原因，更好地聚焦于问题的相关性或解决方法。通过结合数据和可视化图形，我们可以编写数据分析报告，并提出相应的解决方案。

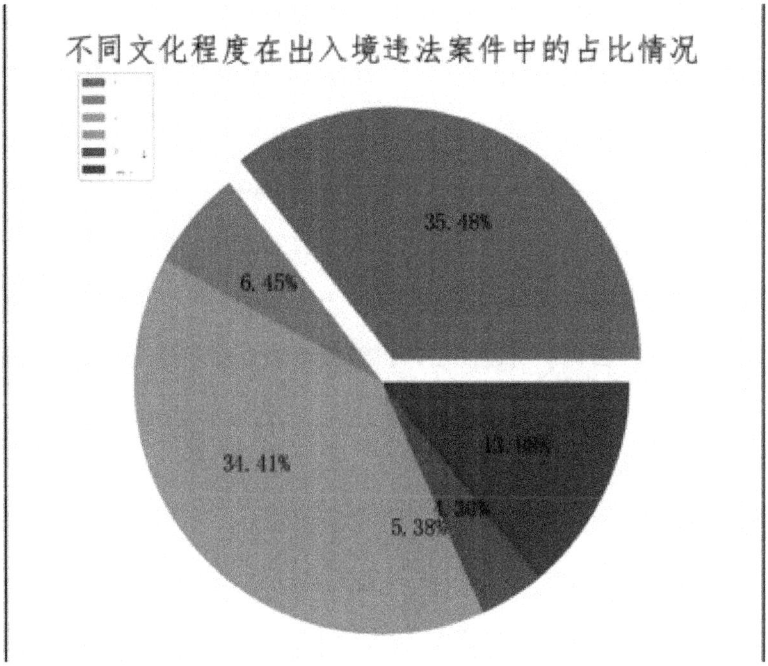

图 6-6　使用 Matplotlib（ ）模块进行可视化图形展示图

三、基于 Python 的数据分析模拟案例

（一）案例模型搭建目标

为了更好地展示数据分析预测功能的应用效果，本文选择适用性较强的机器学习技术，在本次模拟案例中拟通过分析历年相关数据来探索广州白云机场口岸每日出入境旅客人数与哪些因素相关，并利用机器学习技术建立回归预测模型。

（二）数据来源与分析准备

1. 数据来源

在探索口岸出入境旅客流量相关因素的过程中，我们可以通过假设推理来选择多个不同领域或不同方向的影响因素数据集，以增加模型的参考依据，提高预测准确率。本次模拟案例选取了 2019 年全年的广州市最高气温、广州市最低气温、人民币兑美元汇率、广州地铁客流量、白云机场附近酒店前一日订单量以及广州周边城市签证签发人数等六类数据。这些数据来源于天气网（www.tianqi.com）、查汇率网（www.chl.cn）、新浪广州地铁官方微博以及其他相关互联网公开数据。

鉴于口岸每日出入境旅客流量、酒店订单量和签证签发人数属于涉密内容，无法获取准确且完整的数据，本文通过收集 2019 年国家移民管理局官网、腾讯新闻、新浪微博等相关互联网公开的数据，模拟了 2019 年广州白云机场出入境旅客日流量数据、白云机场附近酒店昨日订单量数据和广州周边城市签证签发人数数据用于分析。在收集的每一项数据中，均为有标注、明确且连续的数值型数据，符合机器学习技术应用的要求。

2. 编译环境

在本案例中，我们需要使用 Python 语言进行数据处理、分析和机器学习技术的应用。为此，本文选择了灵活且具有强大交互性的 Jupyter 代码编译器作为编程环境。同时，在计算机中提前导入了 NumPy、Pandas、Matplotlib 和 Scikit-learn 等 Python 第三方模块，以满足模型构建过程中的需求。

（三）数据处理

为了确保数据质量和模型运行效率，在机器学习相关算法介入之前，我们需要使用 NumPy 和 Pandas 模块对收集到的各类数据进行读取、清洗和整理。这包括删除缺失数据行和重复数据行，去除相关数据的单位符号，并保留数值部分。最后，将数据批量写入到一个文档中，如图 6-7 所示，以便后续的数据应用和分析。

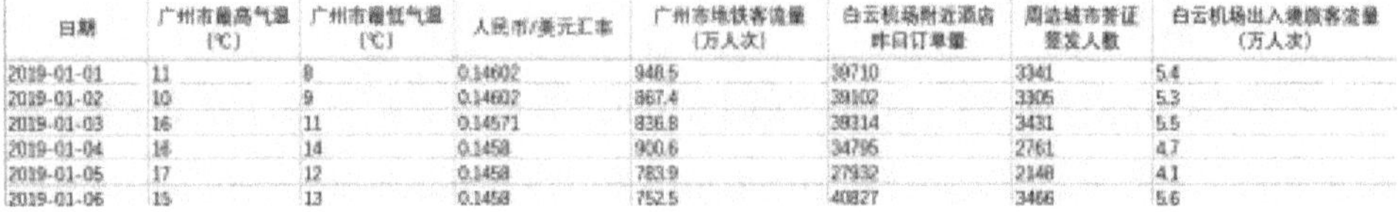

日期	广州市最高气温（℃）	广州市最低气温（℃）	人民币/美元汇率	广州市地铁客流量（万人次）	白云机场附近酒店昨日订单量	周边城市签证签发人数	白云机场出入境旅客流量（万人次）
2019-01-01	11	8	0.14602	948.5	39710	3341	5.4
2019-01-02	10	9	0.14602	867.4	39102	3305	5.3
2019-01-03	16	11	0.14571	836.8	38314	3431	5.5
2019-01-04	16	14	0.1458	900.6	34795	2761	4.7
2019-01-05	17	12	0.1458	783.9	27932	2148	4.1
2019-01-06	15	13	0.1458	752.5	40827	3466	5.6

图 6-7 数据处理后的状态

（四）数据相关性分析

数据相关性分析通过算法分析数据集的连续性、是否符合正态分布以及积矩相关或秩次相关的特征，从而判断数据集中的线性关系或单调关系，并选择相应的相关系数来分析数据之间的关联程度。在机器学习技术应用中，最常见的三种相关系数是皮尔逊相关系数、斯皮尔曼相关系数和肯德尔相关系数。其中，皮尔逊相关系数（也称为标准相关系数）用于反映两个变量之间的线性相关程度，通常用于线性回归预测模型中的数据相关性分析。

在进行机器学习技术应用之前，我们收集到的数据是基于假设推理进行的。在未经过科学验证之前，无法确定哪些特征数据与白云机场的出入境旅客流量存在较大的相关性。经过数据处理后，数据集中共有 6 个特征变量，但并非所有特征变量都可以用于训练模型，因此需要进行数据相关性分析，筛选出与白云机场出入境旅客流量变化最相关的变量，以保证下一步模型训练的准确性。

根据案例的目标需求，本文选择了最广泛应用于预测模型的线性回归算法进行建模。因此，在数据相关性分析步骤中，我们需要对特征变量进行数据分析，以筛选出与白云机场出入境旅客流量变化最强相关的变量。

在数据收集过程中，我们得到的各变量数据均为连续数据。假设数据集中共有 n 个符合预测模型需要的变量。

第一步是使用 Pandas 模块中的 scatter_matrix（）方法对所有变量的正态分布情况以及任意两个变量之间的线性关系进行分析和查看。根据图 6-8 所示的散点矩阵图，我们可以初步判断有 3 个变量的图像呈现单峰正态分布，而其余变量则呈现异常特征的正态分布。根据皮尔逊相关系数的适用条件，变量的分布情况应接近正态的单峰分布。因此，在第一步中通过数据可视化初步筛选出了 3 个符合建模所需的变量：广州地铁客流量、白云机场附近酒店昨日订单量以及广州周边城市签证签发人数。

第二步是使用 K-S 检验方法对筛选出来的变量进行科学的正态分布检验。首先，使用 Python 标准模块的 mean（）方法和 std（）方法分别获取 3 个变量的平均值和标准差。然后，将这些数值导入 Scipy 模块的 stats.kstest（）方法中，如图 6-9 所示，得出 K-S 正态性检验中的关键值 P 值。最后，查看各变量的 P 值大小：如果 P>0.05，则该变量的总体分布符合正态分布，反之则不符合。从图 6-9 中可以得出，所求的 3 个变量的 P 值均大于 0.05，符合正态分布的要求。

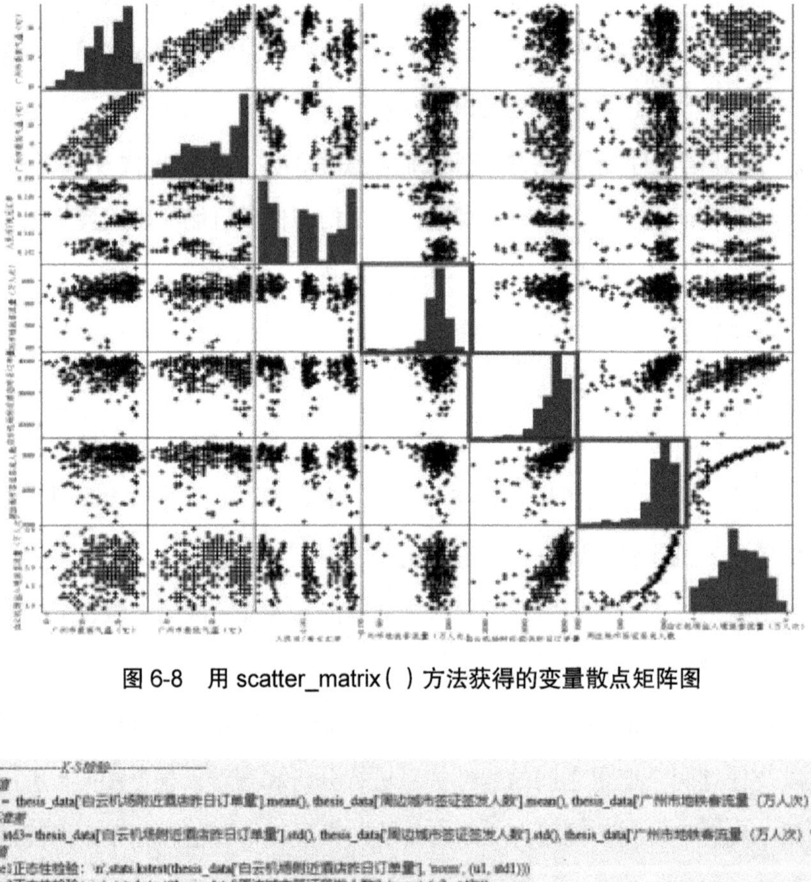

图 6-8　用 scatter_matrix( ) 方法获得的变量散点矩阵图

```
# ------------------K-S检验------------------
# 计算均值
u1, u2, u3 = thesis_data['白云机场附近酒店昨日订单量'].mean(), thesis_data['周边城市签证签发人数'].mean(), thesis_data['广州市地铁客流量（万人次）'].mean()
# 计算标准差
std1, std2, std3= thesis_data['白云机场附近酒店昨日订单量'].std(), thesis_data['周边城市签证签发人数'].std(), thesis_data['广州市地铁客流量（万人次）'].std()
#计算P值
print('value1正态性检验：\n',stats.kstest(thesis_data['白云机场附近酒店昨日订单量'], 'norm', (u1, std1)))
print('value2正态性检验：\n',stats.kstest(thesis_data['周边城市签证签发人数'], 'norm', (u2, std2)))
print('value3正态性检验：\n',stats.kstest(thesis_data['广州市地铁客流量（万人次）'], 'norm', (u3, std3)))
print('------------------------------------------------------------')
# 正态性检验→ pvalue >0.05

value1正态性检验:
 KstestResult(statistic=0.13092563287937137, pvalue=6.931204925665126e-06)
value2正态性检验:
 KstestResult(statistic=0.19921173083711957, pvalue=4.2173886862131614e-13)
value3正态性检验:
 KstestResult(statistic=0.14018200919952603, pvalue=1.0984485422368612e-06)
------------------------------------------------------------
```

图 6-9　用 K-S 检验方法求取 P 值示意图

第三步是使用 Pandas 模块中的 corr（）方法进行皮尔逊相关系数评价。前两个步骤已经验证了筛选出的 3 个变量都满足连续性、单峰正态分布和线性关系的条件，因此可以使用皮尔逊相关系数对它们进行评价和分析。通过计算得到的皮尔逊相关系数值，与表 6-3 中所示的相关程度对比表进行对比，选择相关性较强的一个或多个变量用于模型训练。相关系数的绝对值越大，相关性越强，反之则越弱。根据图 6-10 的结论，我们可以得出筛选的 3 个变量中有 2 个（白云机场附近酒店昨日订单量和广州周边城市签证签发人数）与白云机场的出入境旅客流量分别具有较强相关性和强相关性。因此，数据集中有 2 个符合预测模型所需的变量，假设值 n=2。

表 6-3　相关程度对比表

相关性	负相关系数	正相关系数
无相关性	-0.2—0	0—0.2
较弱相关性	-0.4—-0.2	0.2—0.4
弱相关性	-0.6—-0.4	0.4—0.6
较强相关性	-0.8—-0.6	0.6—0.8
强相关性	- 1—-0.8	0.8— 1

```
#pearson相关系数
thesis_data.corr(method='pearson')['白云机场出入境旅客流量（万人次）']

广州市最高气温（℃）          0.045026
广州市最低气温（℃）          0.019165
人民币/美元汇率         -0.242647
广州市地铁客流量（万人次）     -0.210259
白云机场附近酒店昨日订单量      0.631865
周边城市签证签发人数         0.826141
白云机场出入境旅客流量（万人次）    1.000000
Name: 白云机场出入境旅客流量（万人次）, dtype: float64
```

图 6-10　用 corr( ) 方法求出皮尔逊相关系数值示意图

（五）模型训练

在机器学习应用中，为了建立合适的模型，需要选择适用的算法。在初次建模中，我们将使用拆分后的数据集对模型进行训练和测试，以验证模型的准确性。根据目标确定和数据相关性分析的结果，本案例选择线性回归算法进行建模以达到预期目标。下面是具体的操作步骤，我们将使用 Scikit-learn 模块中的 train_test_split（）方法按照标准比例将数据拆分为训练集和测试集，并使用 LinearRegression 类对训练集数据进行线性回归算法建模训练，随后使用测试集数据验证模型的准确性。

第一步是拆分数据集。使用 train_test_split（）方法按照通用标准的拆分比例，将数据集随机分成 70% 用于训练，30% 用于测试。

第二步是使用训练集数据进行模型训练。通过对数据的训练，模型已经基本掌握了相关的预测规则，并学习了输入与输出之间的映射关系。模型的建立如图 6-11 所示，表示训练已完成。

```
#导入相关模块及函数
from sklearn.model_selection import train_test_split
from sklearn.linear_model import LinearRegression
from sklearn.metrics import mean_squared_error
#随机划分训练集和测试集，一般按照 7：3的比例进行划分
x_train, x_test,y_train, y_test = train_test_split(x, y, test_size = 0.3 , random_state = 5)
#用训练集构建模型
model = LinearRegression()
model.fit(x_train, y_train)
```

图 6-11　建立训练模型流程图

第三步是使用测试集数据验证训练模型的预测准确性。一旦模型完成训练，我们可以使用测试集进行预测验证。为了更直观地了解模型的准确性，可以绘制预测结果与实际结果的对比可视化图形，观察图形的形状和变化，从而进一步评估模型的性能。我们将测试集数据导入 Scikit-learn 模块的 predict（）方法，得出模型的预测人数，然后将实际人数与模型预测人数绘制成数据对比散点图，如图 6-12 所示。

在理想情况下，所得的可视化图形应该是一条直线，但从图 6-12 的散点分布情况可以分析出训练模型的预测存在一定的误差。为了了解训练模型的准确率，我们需要计算 R 平方值进行验证，以评估模型预测的准确性。根据图 6-13，

R 平方值为 0.636 0，表示测试数据的输出与训练模型的回归预测具有 63.6% 的拟合程度，即模型的预测准确率为 63.6%。模型准确性较高，可以保存模型并应用于下一步。

作为机器学习的核心步骤，训练模型的过程如图 6-11 至 6-13 所示，包括训练和验证。在模型训练完成后，我们可以保存模型。当有新数据输入时，无需重新训练模型，而是可以加载已训练的模型并进行即时预测，实现模型的自主学习，减少繁杂的人工操作步骤。此外，还可以通过梯度下降等优化算法的应用，进一步提高机器学习技术的准确性，逐渐减小模型误差。

```
#求出模型预测人数
people_pred = model.predict(x_test)
#导入实际数据与预测数据
plt.scatter(y_test, people_pred)
#可视化图形参数设置
plt.xlabel('实际人数')
plt.ylabel('预测人数')
plt.xticks(np.arange(3, 6, 0.25))
plt.yticks(np.arange(3, 6, 0.25))
plt.title('实际人数与预测人数对比图')
plt.show()
```

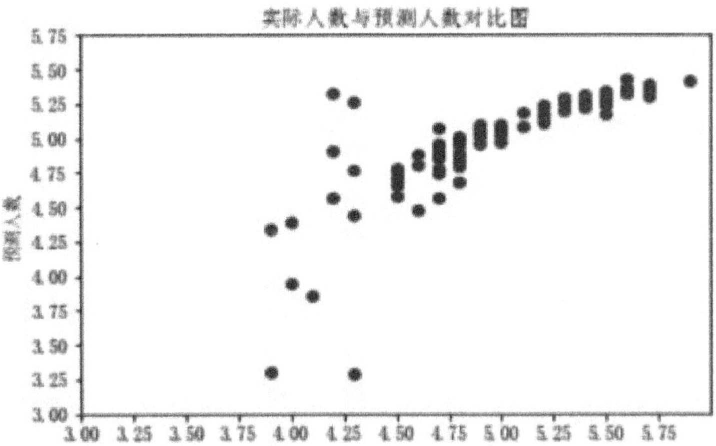

图 6-12　模型预测对比可视化图

```
#求出 R平方值 查看模型的准确性
print('R平方值（越接近1，拟合程度越好，准确性越高）：%.4f' % model.score(x_test, y_test))
```

```
R平方值（越接近1，拟合程度越好，准确性越高）：0.6360
```

图 6-13　获取 R 平方值

（六）模拟案例预测结果及分析

$$Y=\beta_0+\beta_1X_1+\beta_2X_2$$

模型通过将因变量 X_1——　白云机场附近酒店昨日订单量、X_2——周边城市签证签发人数导入函数中，得到自变量 Y——白云机场出入境旅客流量作为预测结果，从而实现线性回归预测。

```
#获取模型函数公式截距
print(model.intercept_)
#获取模型函数公式特征系数
print(model.coef_)
```

```
1.3385353122727643
[2.79224759e-05 8.99885591e-04]
```

图 6-14　获取模型函数公式系数

如图 6- 14 所示，用 Scikit-learn 模块的 intercept_ 方法和 coef_ 方法 分别求出模型函数中的系数 β_0、β_1、β_2，系数保留小数点后 4 位，可求出模型函数为：

$$Y=1.338\ 5+（2.792\ 2\times 10\text{-}5）X_1+（8.998\ 9\times 10\text{-}4）X_2$$

对应的可视化图像为图 6-15。

虽然模型预测准确率只有 63.6%，但这只是基于两个变量共 730 条数据进行构建所得的结果，数据量远低于机器学习技术所需。若在目标建立开始或后期应用中使用大量数据进行训练，模型函数系数 β_0、β_1、β_2 可稳定在一定范围内，R 平方值接近 1，函数预测准确率将得到明显的提升，模型函数可视化图像基本落在回归平面上，总体趋于理想状态。

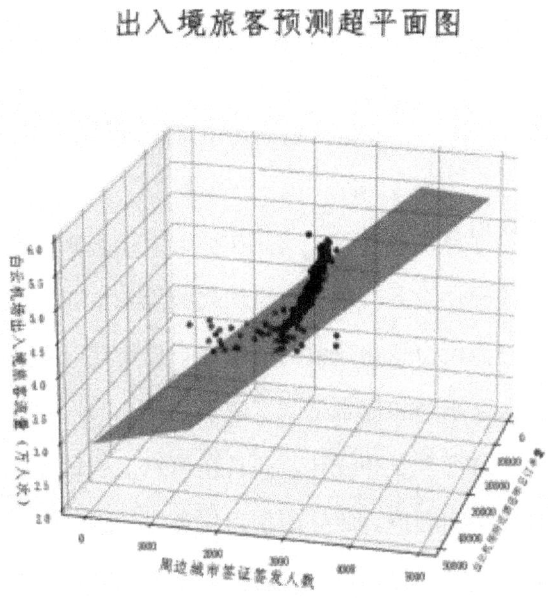

图 6-15　模型函数可视化图像

本文旨在为边检工作中基于大数据的数据分析应用提供参考方向。案例中的旅客流量预测仅是当前边检站需要解决的问题之一。其中所使用的步骤和方法具有一定的实用意义，属于人工智能技术在边检工作中应用的简化版本。此外，人工智能数据分析在边检工作中的应用还有广阔的发展空间等待探索。未来的边检工作将在人工智能技术的引入下变得智能化和高效化，逐步实现“智慧边检”的战略目标。

第七章 信息化人才培养和制度建设

通常，当我们谈论信息化建设时，我们往往会首先想到在计算机上安装各种软件或一套专门设计的硬件设备，以实现自动化和无人值守，从而提高工作和生活的效率和便利性。然而，信息化建设的范围远不止于此，除了直接的软硬件建设，还应包括信息化人才培养和信息化制度建设。优秀的信息化建设成果必定依赖于优秀的信息化人才进行开发和设计，而且在信息化项目实施后，也需要具备信息化素养的人员来使用和维护。此外，作为信息化建设的配套内容，制度建设同样具有重要地位。一个信息化建设项目的生命周期通常包括可行性论证、立项招标、设计开发和使用维护等环节，每个环节都有其客观规律，不能随意进行。因此，需要建立一套完善的制度，以保障信息化建设项目能够有计划地实施。

第一节 移民管理中的信息化人才构成

一、信息化人才的定义

随着信息技术革命的兴起，人类社会正迅速进入知识社会阶段。知识社会以知识和信息的生产、分配、传播和利用为基础，技术成为推动整个社会活动的重要手段。移民管理部门必须适应社会发展形势，积极推进信息化建设，对信息化人才提出了新的要求。在全球化背景下，移民管理部门需要从战略层面培养和造就一批具备应变能力、高水平和高素质的信息化人才，以实现国家战略和自身发展的需求。

信息化人才是随着信息技术发展而形成的一类人才群体，以满足相关信息产业对人才的需求。他们在工业、农业、商业、科学技术、国防建设等社会生活的各个领域中应用自身掌握的现代信息技术，开发和利用软硬件信息设备。从高等教育角度来看，信息化人才主要包括计算机科学与技术、电子科学与技术、软件工程、通信工程、信息工程、电子信息、微电子学、光信息科学与技术、地理信息系统、自动化、信息安全等专业。移民管理工作涉及的大数据技术和生物识别技术可归类为计算机科学与技术的专业范畴。

信息化人才应当具备三个特点：理论实践相结合、业务技术相结合和知识自我更新能力。理论实践相结合意味着在掌握理论知识的基础上，具备实际组织和建设信息系统的能力，因为信息系统建设是理论知识的实践化过程，在实施中需要具备实践动手的能力。业务技术相结合意味着能够将其他专业学科的知识与信息技术结合起来，充分发挥信息技术的优势，为其他专业学科相关工作提供支持。知识自我更新能力指信息化人才应该具备强大的自主学习能力，能够不断更新知识体系，掌握新的知识和技术，以适应信息技术迅速发展的特点。

二、移民管理中的信息化人才层次

移民管理中的信息化人才可以划分为三个层次。高端层次的信息化人才是战略性人才，代表着工作发展方向的战略性预测能力，是移民管理工作、信息技术发展和社会治理理念实践相结合的复合型人才，包括信息化发展战略的制定者、长期发展规划的制定者、信息政策和法规的制定者等。中端层次的信息化人才是在移民管理业务和信息化建设技术工作中具备综合能力的人才，能够领导具体的信息化项目实施，确保信息化项目准确反映移民管理业务需求，并保证项目一次性成功。这类人才类似于软件公司中的系统架构师、系统分析师、项目经理等专业技术人员或管理人员。基础层次的信息化人才以各种信息技术应用人才为代表，包括系统集成人才、系统运行和维护人才、数据处理与分析人才。根据移民管理中各个层次信息化人才的特点，人才层次应呈现金字塔结构：基础层次信息化人才处于塔基，数量众多，人才队伍建设相对容易；中端层次信息化人才位于金字塔中间，需要耐心培养；高端层次信息化人才位于塔顶，数量稀少，对人才自身素质要求非常高，只靠外部培养很难达到人才层次设定的目标。

三、移民管理信息化工作内容

移民管理信息化工作内容与移民管理信息化人才的三个层次结构相对应。

（一）制定发展战略规划

预先计划，事半功倍。移民管理信息化建设工作必须制定战略规划，明确发展方向，并有计划、有步骤地实施。移民管理信息化建设的战略发展方向应服务于国家发展大政方针，符合国家社会经济发展水平，预测移民管理工作的发展方向，掌握相关信息技术的最新进展，并了解国际移民管理机构的信息化建设动态。综合考虑各方面现实因素后，制定未来 5 年甚至 20 年的移民管理信息化建设发展规划。

（二）实施信息化工程项目

战略规划最终通过具体的工程项目来实施。全国出入境管理信息系统、边检前台查验信息系统、大数据平台建设、生物特征技术的应用等典型信息化工程项目需要信息化人才结合移民管理业务工作，提出具体可行的建设方案，推动项目按预期开展建设，确保一次性成功，防止出现性能不达标、功能偏差等常见问题。

（三）维护信息化项目的正常运转

经过多年努力，移民管理部门已成功建设了许多信息化项目，并开发了多个软件系统，购置了大量硬件设备。移民管理工作关乎国家安全、社会稳定和经济发展，这些已建成的信息化项目已成为保障移民管理工作正常开展的基础设施的一部分。因此，维护每个软件系统和硬件设备的正常运行成为移民管理部门的重要工作内容。这项工作要求信息化工作人员具备丰富的软硬件维护实践经验，一旦发生故障，能够根据故障表现迅速判断故障原因，定位故障点，并及时解决故障。

第二节　移民管理信息化人才队伍建设

一、制定信息化人才队伍建设规划

研究移民管理工作对信息化人才的需求情况，进行顶层设计。邀请公安部科技部门、移民管理部门、高校和信息化产业界公司等相关领域的专家参与制定移民管理信息化人才队伍建设规划，立足于科技发展和移民管理工作的需要，研究中长期内移民管理信息化人才的需求状况、素质要求、成长规律、成长环境与动力机制、人才政策等，以提供决策参考给有关部门。

二、分层次引进信息化人才

如前文所述，移民管理信息化建设工作在高、中、低不同层面展开，人才需求以金字塔形态分布，从下至上所需数量逐渐减少，但素质要求大幅提高，每个层次的信息化人才各具特点。

基础层次的人才应具备较强的实践动手能力，能够解决各类软硬件运行中常见的问题。根据人社部网站的报道，“十三五”期间，每年高校毕业生数量将达到 800 万人规模，完全可以满足对基础层次信息人才的需求。需要注意的是，招聘应该设定一定的门槛，以确保引进的应届毕业生具有较高的素质，并通过一段时间的培养锻炼，使其能够承担更重要的信息化建设任务。

中端层次的人才既要掌握信息技术，也要熟悉移民管理工作的业务知识，具备一定的组织和领导能力，能够组织信息化项目的建设实施。由于移民管理工作具有专业性和小众性的特点，很难直接从社会上招聘相应的信息化人才，因此应该侧重于自身的培养。移民管理部门拥有大量基础层次的信息化人才，可以从中挑选合适的人才进行重点培养，使他们在信息化建设任务中脱颖而出，最终晋升为中端信息化人才层次。

除了自身培养之外，采取产、学、研结合的方式也是获取中端层次人才的可行途径。尽管移民管理工作属于小众领域，大多数高校不涉及移民管理类专业教学，但仍有一些相关业内高校开设了移民管理类专业，并可以进行产、学、研教学改革试点工作。移民管理类专业可以招收理工类学生，同时接受移民管理专业知识和信息技术类专业知识的教育。在打下理论基础之后，学生既要到移民管理一线部门单位实习，又要到信息技术科技公司实习，实习时间要充足，实习内容要贴近移民管理信息化建设工作的实战。对于一些优秀的学生来说，当他们毕业时，他们的能力和素质应该能够满足移民管理部门对中端层次信息化人才的基本要求。

高端层次的信息化人才是高度复合型、战略型人才，不仅对移民管理和信息技术的发展趋势具有敏感性，还需要掌握社会发展趋势，并具备社会治理和高级领导的能力素质。这种人才很难找到，并且涉及全局战略发展的问题，不应由个人做出决策。高端层次的信息化人才可以以智库的形式存在，邀请实战单位部门领导（业务骨干）、信息技术科技公司的技术人员以及科研院所相关领域的专家组成移民管理信息化建设智库，共同制定移民管理信息化建设的发展战略，以确保发展战略的科学性。此外，还可以设立专项研究课题，引导社会各界智力资源投入移民管理信息化建设工作中。

三、完善配套政策措施

人才培养制度和人才管理政策必须与时俱进，适时调整，在选择、使用和评价信息化人才时要坚持德才兼备的原则，以确保信息化人才队伍建设取得效果。

（一）树立科学人才培养理念

信息化人才培养具有自身的周期性，我们不能急躁，也不能因为工作人手紧张而违背人才培养规律，操之过急。信息化人才的成长是逐步提高能力水平的过程。盲目地将超出待培养人才能力范围的任务强加给他们，一方面会导致任务无法完成，更重要的是可能打击待培养人才的信心，甚至使他们产生自暴自弃、消极工作的情绪。因此，我们必须克服急功近利的短视心态，树立正确的信息化人才培养观念，促进信息化人才健康成长。

（二）建立信息化人才在职培训制度

移民管理信息化人才需要不断调整他们的知识结构，以适应信息化建设的新形势。信息技术的一个重要特点就是更新速度快，老技术不断更新换代，新技术不断涌现。我们应该通过建立制度的方式，为信息化人才创造一个持续学习的工作氛围，促使他们不断学习和吸收信息技术的新知识，了解国内外不同单位部门的信息化建设发展方向。可以采取专题讲座、现场培训、学习交流和互联网在线教学等方式，为在职信息化人才提供短期学习途径，并鼓励符合条件的信息化人才参加科研院所的短期培训和学术交流活动。要规定所有信息化人才定期参加在职培训教育，并将参加情况列入立功受奖和职务晋升的考评范围。

（三）改进人才政策，留住人才

客观上，信息化人才的薪酬待遇在整个社会职业薪酬体系中处于顶层位置。移民管理部门除了能够吸引人才外，还必须设法留住这些高素质的信息化人才。

人才政策在信息化人才流动方面发挥着决定性的作用。首先，我们需要建立良好的软硬件环境，制定一系列吸引人才的政策，加大人才引进的力度。其次，要改进用人观念，留住现有的人才。传统观念下，行政机关部门以管理类工作为主，信息技术工作为辅，技术人员处于从属地位，职业发展受到明显瓶颈的限制。高水平的人才将寻求其他出路，人才流失会极大地影响移民管理信息化建设工作。因此，我们需要制定合理的人才使用和选拔政策，公平对待技术类工作人员，为每个信息化人才创造一个能展示才能、追求事业的广阔空间平台，让他们在相应的岗位上发挥相应的才能，并获得相应的待遇。

第三节 移民管理信息化制度建设

信息化建设已经不再是新兴事物了。通过多年的经验总结，我们已经摸索出了一套通用的制度规范。为了保障信息化建设项目的成功，许多技术公司都结合自身情况建立了自己的规章制度，覆盖了信息化建设项目的整个生命周期。在移民管理信息化制度建设方面，我们应该将重点放在根据自身特点制定制度规定上。

一、移民管理信息化建设存在的共性问题

将移民管理工作与信息化建设相结合是适应当前社会发展趋势的必然结果。迄今为止，移民管理部门已经建设了许多信息化项目，这些项目对提升我国移民管理工作水平发挥了重要作用。然而，在总结以往的信息化项目建设经验时，我们发现移民管理工作的信息化建设在取得巨大成就的同时，还存在明显的问题。

（一）缺乏长远规划。整个移民管理系统在如何规划和实施信息化建设方面尚缺乏一整套的发展规划蓝图。许多地方的信息化建设工作过于关注短期效应，未考虑设备或软件的发展和升级等问题，导致软硬件的淘汰速度过快，造成了不必要的资源浪费。此外，缺乏长远规划也表现在信息化建设的地域不平衡上。移民管理工作的信息化建设受到各单位所在省份经济发展水平的影响。经济发展程度较高的省份在高新技术应用领域表现出巨大优势，而经济发展程度较低的省份由于业务量较小、经费不足等现实情况，信息化建设进展缓慢。一些移民管理部门的低水平信息化建设造成了整个移民管理工作信息化建设成果的缺陷。

（二）软件类信息化建设项目中，业务功能需求描述不准确，导致软件反复修改，项目无法按时完成，甚至出现软件建设完成后，其功能与移民管理工作人员事先设想的需求有很大差异，影响了正常使用。

软件类信息化建设项目中，业务功能需求描述在计算机软件开发领域被称为“软件需求分析”。软件需求分析是研究用户需求的过程，旨在完全理解用户对软件需求的完整功能，确认用户的软件功能需求，并建立一个可确认和可验证的基本依据。软件需求分析应尽量提供软件实现功能需求的全部信息，使得软件设计

人员和软件测试人员不再需要与需求方频繁接触。因此，软件需求分析的内容应正确、完整、一致且可验证。软件需求分析是一个项目的起点，也是项目实施中最重要的关键点。资深程序开发人员的分析结果表明，软件产品存在不完整性、不正确性等问题绝大部分情况是由于需求分析错误导致的。因此，软件需求分析是一个项目成功的关键步骤。

具体而言，软件需求分析的内容可以归纳为六个方面：软件的功能需求、软件与硬件或其他外部系统的接口、软件的非功能性需求、软件的反向需求、软件设计和实现上的限制以及阅读支持信息。其中，软件的功能需求是最为重要的方面，然而，恰恰在这个方面，移民管理部门在信息化建设时经常遇到问题。

一方面，移民管理工作人员对需求只有模糊的概念，无法清楚地表达具体需求。例如，在全国各地的移民管理部门进行应用系统和网络建设时，大多数具有文科教育背景的工作人员对计算机网络的作用不太了解，也缺乏 IT 系统建设方面的专家和知识。因此，移民管理工作人员常常要求软件开发技术人员帮助他们完善需求设想。然而，软件开发技术人员不可能都是全才，更不可能是行业专家，不同的分析人员可能对客户表达的需求有不同的理解。如果分析人员理解错误，可能会导致未来的开发工作付诸东流。因此，分析人员专业知识的单一性也会导致需求分析的误解和失败。移民管理工作人员和软件开发技术人员各自具有单一的背景知识，这使得双方无法完全理解彼此话语的真实意图，给项目未来的建设埋下了潜在的风险。

另一方面，根据软件开发行业的经验，随着客户对信息化建设的认识和业务水平的提高，他们会在不同阶段和时期提出新的需求和变更要求。事实上，历史上没有一个软件的需求是不发生变化的！因此，我们必须接受“需求会变动”这个事实。这就要求软件开发技术人员具备较高水平，在进行需求分析时要能够预见变化，并尽可能清晰地分析出稳定的需求和易变的需求，以便在系统设计时将核心功能建立在稳定的需求上，并留出变更的空间。然而，移民管理工作的性质决定了其具有保密性，因此对移民管理信息化项目的承建方提出了较高的保密资质要求，形成了准入门槛，导致项目承建方员工的素质水平不能达到高标准。

（三）信息化项目建设后的评估也存在不足之处。项目建设后的评估是指在完成项目并通过验收后，安排第三方除受益者和投资者之外的机构来主导评估。通过对项目监测实施的实际数据，对项目的各个方面和环节进行全面衡量和评估，总结项目的优点和缺点，并明确需要改进的地方，为后续相关项目的决策提供宝贵的参考意见。

我国的移民管理事业正在逐步发展壮大，信息化技术的应用在其中起到了重要作用，因此各级移民管理机关对此非常重视，并取得了许多信息化建设的成果。然而，由于缺乏有效的评估体系，在已有的信息化项目方面缺乏客观的评估过程，上级主管部门无法对已投入使用的信息化项目进行量化评价。一些建设效果良好的信息化项目没有得到应有的推广，而一些仍存在设计缺陷的项目没有及时评估和纠正，导致资源的巨大浪费，影响了移民管理工作中信息化项目的持续深入开展。

（四）行业硬件供应商数量不足。移民管理工作具有很强的专业性，业务工作中涉及的设备具有高度定制性。例如，出入境旅客自助查验系统等边防检查设备在市场几乎没有厂商生产，但与之功能类似的设备在其他领域如地铁、火车站等已经大规模应用。究其原因，移民管理类硬件设备并不具备独立性和唯一性，所需的技术属于社会通用技术。然而，移民管理类硬件设备需要与边检查验信息系统进行对接。如果地方技术单位无法获得边检查验信息系统的开放软件接口协议，就无法生产相应的设备。目前，移民管理部门只对少数几家地方公司公开了软件接口协议，从而导致供货商的选择空间非常有限，间接促成了硬件供应商的“垄断”行为。一旦出现“垄断”的供货商，就会带来一系列负面影响，例如技术创新不足、设备价格虚高等问题。

二、移民管理信息化制度建设的着力点

为了解决移民管理部门信息化建设工作目前存在的问题，移民管理部门应以

制度规定的形式规范信息化建设过程，以促进移民管理工作的信息化建设更快更好地发展。鉴于作者对制度的具体建立不做论述，以下对移民管理信息化制度建设的几个明显着力点进行概括性总结。

（一）制定统筹全局的信息化项目立项审批制度

移民管理部门的信息化目标是以移民管理工作发展方向为导向，以现代信息技术为手段，以开发和利用信息资源为对象，以优化和再造业务流程、提升决策、服务和管理水平为内容，建设管理应用、保障类应用、核心业务类应用等三个方面的信息化建设项目。这些项目与一线工作密切相关，目前各级移民管理部门都非常希望进行信息化建设。

移民管理部门应以制度规定的形式制定信息化项目立项审批原则规范，明确侧重点，从源头上防止无序建设和资源浪费。移民管理部门应从全国移民管理部门中选派优秀人员组建全局信息化建设小组，负责信息化建设工作，从整体角度制定未来一定时期内的信息化发展重点方向，分解建设任务，并将任务指派给具体单位。

在制定信息化建设全局计划时，应立足于现实工作需求，避免盲目立项信息化项目。需要明确主次关系，有计划地推进建设，兼顾经济欠发达地区移民管理部门的需求，并集中力量重点保障当前工作迫切需要的信息化项目。

（二）制定软件类信息化建设项目需求分析规范标准

软件需求分析的任务是确定系统必须完成哪些工作，即对目标系统提出完整、准确、清晰、具体的要求。它深入描述软件的功能和性能，确定软件设计边界和与其他元素的接口，定义软件的其他有效性要求。需求分析过程是描述用户对软件的需求的过程，要求完成能表达用户需求的完整逻辑模型，编写详细的需求规格说明，并经过用户的最终确认。这一过程在整个软件生命周期中至关重要，可决定成功与否。如果需求分析不完整或不正确，将导致后续工作的大量返工或彻底失败。需求分析的具体对象包括功能需求、性能需求、环境需求、可靠性需求、界面需求、资源需求等。其中，功能需求（软件需要完成什么）尤为重要，因为它与软件开发付费方的具体行业规则密切相关。如果软件开发付费方的相关人员对软件开发内容不清晰或明确但表达不清晰完整，开发承包商将提交不符合实际情况的需求分析报告，最终导致付费方对开发的软件产品不满意，并要求大量修改。

因此，移民管理部门应制定符合实际移民管理工作需求的需求分析调研规范标准。无论是全国范围的软件信息化项目还是地方单位自行建设的软件信息化项目，都应遵守规范标准。该标准包括以下 5 个步骤。

第 1 步，组建项目业务需求小组。小组成员应包括建设单位的业务骨干、兄弟或上级单位的业务骨干以及全局信息化建设小组人员。项目业务需求小组应从专业角度做出判断，不受行政干预。

第 2 步，项目业务需求小组评估项目建设的必要性，防止出于政绩考虑强行进行劳民伤财的信息化项目建设。

第 3 步，项目建设单位组织人员进行业务流程和系统需求分析调研，撰写项目系统需求分析报告初稿。

第 4 步，项目业务需求小组审查项目建设单位提交的项目系统需求分析报告初稿，并提出具体意见。经过评审通过的项目系统需求分析报告后，方可正式启动项目建设。

第 5 步，项目建设单位与地方公司进行接洽，确定项目实施的细节，包括经费预算、完成时间、售后保障等。项目实施细节将交由项目业务需求小组审查，审查小组将提出具体建议，项目建设单位根据实际情况调整项目实施方案。

（三）建立信息化项目效能评估

应定期开展信息化项目效能评估工作，对一段时间内建设的各个信息化项目的使用状况进行梳理，及时发现共性问题并加以解决。可以采取建立评估体系的方式进行评估。评价指标是评估体系的重要内容，要构建科学规范的指标体系，使评估内容更加明确，建立科学合理的评估指标对信息化项目的运行状况进行系统分析，不断提升其在业务办公中的科学化水平。建立评价指标体系必须兼顾专业性和综合性。

专业性意味着评估指标要有针对性，根据不同的信息化项目选定不同的评估点。例如，针对一体化办公平台系统，其评估指标应包括使用频率、覆盖范围、各级部门的工作流转程序是否便捷等，充分为移民管理机关各单位的日常办公提供信息化便利，让各级领导和办公人员感受到一体化办公平台的优越性。同样，对于全国边检前台查验信息系统，其评估指标应包括前台使用是否清晰和便捷、后台流转是否快速且严密等。

综合性意味着除了要重点关注信息化项目功能需求的实现情况，还要关注信息化项目的整个开发应用过程。这包括项目是否按时完成，是否因前期功能需求不准确而导致反复的项目建设过程；预算经费的使用情况，是否存在追加预算或大量结余的情况；项目的健壮性问题，特别是对于硬件类信息化项目，功能虽然准确实现，但在投入使用后经常出现故障，给工作带来很大困扰；信息化项目的易用性，系统的使用必须简单明了，在项目建设过程中，专业技术开发人员可能存在着“自以为该功能很简单”的开发倾向，但对于非专业的使用人员来说却并不简单；此外还包括后期可能出现的其他问题，如产权纠纷、运维不及时等。

有效运用评估结果，改进完善后续的信息化建设工作。信息化项目评估的目的是加强和促进移民管理工作的信息化建设。为了真正发挥评估的效用，必须有效运用评估结果，将评估结果的分析和处理纳入评估体系中，并将评估结果有效应用于下一阶段的信息化项目建设中，以避免错误的重复出现。

（四）信息化建设信息公开制度

随着2018年中国两会的召开，中国启动了新一轮政府机构改革，移民管理局顺应中国社会的最新发展趋势而组建。移民管理工作的信息化建设必将迎来更大的发展，这将推动相关技术行业的蓬勃发展。移民管理部门应主动梳理移民管理工作信息化建设所涉及的技术装备种类和商业信息，并及时向社会公开，以吸引更多技术企业参与移民管理工作的信息化建设，从而形成市场化的竞争机制。移民管理工作不仅具有高度的专业性，还涉及国家机密。这导致地方企业进入门槛较高，特别是在硬件设备与移民管理部门的敏感软件信息系统集成时，需要对信息系统底层逻辑有深入了解。如果没有移民管理技术工作人员的专业配合，一般企业在该行业中很难起步。因此，移民管理部门应该以规范化的接口形式公开涉及软硬件集成的信息化建设项目的必要功能模块，让所有有意参与移民管理工作信息化建设的企业都有平等获取技术支持的机会，以激活市场并引入竞争。

第四节　出入境数据的使用管理

个人信息被泄露和滥用是信息社会不可避免的问题，无法从根本上杜绝，但可以通过技术手段和规章制度相结合，最大限度地减小问题的严重性。由于工作性质，移民管理部门作为执法部门之一，掌握着海量的个人信息，确保信息资源的妥善使用显得尤为重要。然而，现实情况并不容乐观，存在大量隐蔽的违规行为。一旦出现不良后果，这些隐蔽的违规行为就会变成明显的违法行为。因此，移民管理部门建立起入境和出境数据的使用管理规章制度具有突出的重要性和紧迫性。本节将专门讨论出入境数据的使用管理问题。

此处的“出入境数据使用”不仅限于使用与出入境人员相关的数据，还包括移民管理部门为正常开展工作所需使用的其他个人信息。为了规范有序地使用出入境管理信息平台，确保出入境数据的安全，保护个人合法隐私不受侵犯，并保障社会能够获得高效便捷的对外服务，应依法建立出入境数据使用的管理规范。在制定出入境数据使用管理规定时，移民管理部门应注意以下几点。

一、依法建立，符合时代发展趋势

随着信息社会的进一步发展，个人信息在日常工作生活中的应用将变得越来越广泛。与此同时，类似于“个人信息保护法”的法律法规也将逐渐增多。在制定出入境数据使用管理制度时，移民管理部门应充分研究相关的法律法规，以确保内部规章制度符合法律法规的要求。

另一方面，各级政府部门将不断推出新的举措以适应社会发展的要求。例如，国务院最新颁布的《关于加快推进全国一体化在线政务服务平台建设的指导意见》明确要求，在2022年底前，全国范围内的政务服务事项基本实现标准统一、整体联动、业务协同，以国家政务服务平台为总枢纽的全国一体化在线政务服务平台将更加完善。除非法律法规另有规定或涉及国家秘密等情况，所有政务服务事项都将纳入平台办理，实现全面的“一网通办”。因此，在制定出入境数据使用管理规范时，移民管理部门应充分考虑时代发展趋势，满足“互联网+”的政务发展要求，以满足人民群众和相关单位查询和使用出入境数据的便捷性要求。

二、设立技术标准

应明确各类数据采集工作的技术标准，包括文本信息、生物信息、图片视频信息等，以确保数据来源的规范性和可靠性。同时，需要规范数据平台的对外接口标准，使移民及出入境管理信息平台能够高效、安全地对外开放共享。采用先进的容灾备份手段，保障数据存储的安全性。采用高标准的密码技术加强身份认证与数据保护。具体的标准应与《关于加快推进全国一体化在线政务服务平台建设的指导意见》协调一致。

三、建立数据开放分级标准

应建立数据开放分级标准，明确每一条进入移民及出入境管理信息平台的数据的开放层级。移民管理部门内部、其他部门、出入境数据共享国家、出入境个人等，可以访问不同开放层级标准的数据信息。

四、明确岗位责任

移民管理部门需要针对出入境数据的采录、存取、流转、访问、分析、复制、备份、运用等各个可能存在安全问题的环节，事先明确每个环节应由哪个部门岗位负责使用。相应的部门岗位必须对所负责环节的安全负责，将责任落实到部门和个人。

五、严格授权、充分授权，事后监督

在数据运用方面，应设立明确的传播范围，遵循“知限所需”的原则，严格规范各级部门所能使用的数据权限。同时，不能因为存在滥用权限侵犯合法人员个人信息的可能性，就限制甚至收回合理的使用权限。必须充分授权给一线部门工作人员，以保障工作的高质量完成。

为了应对可能出现的权力滥用行为，应加强事后监管。由于移民管理部门需要对出入境人员进行背景审查工作，各级工作人员在日常工作中会查询甚至深度挖掘可疑出入境人员及其生活中相关联人员的个人信息，这是合法合理的，应给予充分支持。但是，按照逻辑，工作人员决定使用任何人的个人信息必然会有因果联系。因此，只要审查工作人员对数据的操作记录，如果发现对某名人员的数据查询非常突兀，前后没有因果关系，就可以认定该工作人员滥用权限，需进行严肃处理。

事后监管应采用计算机与人工相结合的方式进行，以便全面监管工作人员对出入境人员个人信息的使用。在对出入境人员进行后台核查时，会以一个事件开始，然后工作人员逐步推理审查，最终形成一个完整的数据链。计算机将所有审查过程记录下来，判断每一条记录数据链的完整性。当发现一条记录不完整时，即给出提示，然后由人工进行审查。

六、及时删除数据运用后的相关数据

因工作需要查询分析得到的数据信息如无必要，不应在本地保存。如果因工作需要在本地保存数据信息，应根据数据的保存时限设立不同的规定，并在规定时限内定点定人地彻底删除涉及的数据信息。这样可以保证使用后的数据在时间跨度上的安全，并节省对维护、保管数据运用而产生的人力和物力资源浪费。

七、设立独立监管专员

在今后的工作中，移民管理部门对出入境人员个人信息的查询分析会日益频繁。如有必要，可以设立出入境数据使用监管专员，负责监督工作人员对出入境人员个人信息的使用情况。监管专员应具有很强的独立性，以确保在工作时不受其他部门的干扰。

八、出入境数据依法公开，建立反馈机制

出入境数据使用规范应明确，移民管理部门需依托国家政务服务平台为总枢纽的全国一体化在线政务服务平台，向社会提供出入境服务。出入境人员可以在线查询本人因出入境目的而产生的各类数据信息。同时，允许出入境人员向移民管理部门反馈涉及本人的错误出入境数据记录。移民管理部门将在规定时限内进行审核，并给予答复，并纠正错误信息记录。中介、旅行社等单位团体可以在线办理出入境业务，查询相关信息。单位团体和个人可以在线提出投诉和建议，移民管理部门将在规定时限内给予答复。

参考书目

[1] 王彦吉 . 中国公安科技发展简史 [M]. 北京：中国人民公安大学出版社，2009.

[2] 王电 . 公安信息化概论 [M]. 北京：清华大学出版社，2011.

[3] 祁晓荔 . 云计算 [M]. 南京：江苏人民出版社，2012.

[4] 孙宇熙 . 云计算与大数据 [M]. 北京：人民邮电出版社，2016.

[5] 凯维斯 . 让云落地：云计算服务模式设计决策 [M]. 陈志伟，辛敏，译 . 北京：电子工业出版社，2016.

[6] THOMAS ERL. 云计算概念、技术与架构 [M]. 贺莲，译 . 北京：机械工业出版社，2019.

[7] 李春葆 . 数据仓库与数据挖掘实践 [M]. 北京：电子工业出版社，2014.

[8] TAN PANG-NING. 数据挖掘导论 [M]. 范明，译 . 北京：人民邮电出版社，2011.

[9] 林子雨 . 大数据基础编程、实验和案例教程 [M]. 北京：清华大学出版社，2017.

[10] 左美云 . 信息系统项目管理 [M]. 北京：电子工业出版社，2014.

[11] 田捷 . 生物特征识别理论与应用 [M]. 北京：清华大学出版社，2009.